金融犯罪检察实务丛书

金融犯罪不捕不诉典型案例

JINRONG FANZUI BUBU BUSU
DIANXING ANLI

北京市朝阳区人民检察院◎编
张朝霞◎主编

中国检察出版社

序

　　金融安全事关国家安全和人民群众的切身利益，其重要性无论如何形容都不为过。党的十九大也明确指出，今后三年要重点抓好决胜全面建成小康社会的三大攻坚战。其中防范化解重大金融风险是三大攻坚战之首。打赢防范化解金融风险攻坚战需要政府、司法机关和社会各界的鼎力配合。2019年初最高人民检察院检察长张军指出，要充分履行检察机关法律监督职能，为经济社会发展提供更优法治环境，为打好三大攻坚战、保障民营经济健康发展贡献检察力量、检察智慧。这充分说明，在惩治金融犯罪、防范化解金融风险过程中，检察机关作为法律监督机关承担着重要使命，社会各界对检察职能的正确发挥充满期待。

　　近年来，北京市朝阳区经济发展势头强劲，CBD现代商务服务和国际金融功能突出，金融创新活跃。但与此同时，占全市近七成的金融犯罪案件及新型互联网金融案件都发生在朝阳区，尤其是涉案金额巨大、人员众多和影响范围广的非法集资类案件呈现激增态势。此外2018年6月起P2P平台呈现大面积集中"爆雷"，金融风险防控面临前所未有的挑战。北京市朝阳区人民检察院为进一步服务好朝阳区及首都金融经济建设，更好地履行检察机关指控犯罪的职责，于2016年8月成立金融检察团队。该团队始终坚持履行金融犯罪审查、追诉和监督三项主要职能，在重视主责主业的同时注重金融犯罪司法研究，致力于将朝阳金融检察团队打造成为专业化的金融司法研究中心，主要以课题制、项目制深化金融检察专业化研究，先后承担中国法学会涉众型经济犯罪案件涉案款物追缴等专业课题 10 余个，联合高校以项目制方式在北京市率先开展非法集资类案件认罪认罚从宽制度调查研究和实践探索，曾出版专著《非法集资犯罪的理论与司法实践》，连续三年发布《金融检察白皮书》。同时以研讨会、走访调研、课程培训等形式丰富研究内容，提升研究质量。此外，朝阳区人民检察院相关主管领导以及金融检察团队的成员还多次应邀参加有关金融犯罪的研讨会（比如吴春妹副检察长 2018 年 12 月 21 日就参加了我主持的清华大学法学院司法研究中心举办的"平台监管和金融犯罪的认定"研讨会，并在会上介绍了朝阳区人民检察院查办金融犯罪的态势以及检察机关的作为，获得参会人员的一致好评），总结、提炼了一线办理金融犯罪的困惑及经验，为学术界深入研究金融犯罪提供了素材及思考路径。

在不断探索的过程中，金融检察团队不知不觉已迈进了第三个年头，朝检金融的品牌化效应愈加显著。朝检金融团队以实践促研究，以研究助实践，聚众人之心、集众人之智、合众人之力，经过不懈的积累和总结，现已完成《金融犯罪检察实务丛书》的编撰工作。丛书包括《金融犯罪检察实务》《金融犯罪疑难案件认定实务》《金融犯罪不捕不诉典型案例》《金融犯罪办案一本通》四册。分别从理论层面，以问题为导向对金融犯罪实务中的实体问题和程序问题进行剖析；从实务层面，以"参考案例"的形式将典型、疑难、不捕不诉案件进行梳理和总结，起到对类案的指引、参考作用；并且还以法律、法规、指导性案例等为素材汇编办理金融犯罪案件工具用书。该系列丛书的编撰不仅是朝阳金融检察团队的经验总结，也是加强检察专业化建设方面的重要探索，其意义在于：一是内部进一步规范办案流程，为检察人员办案提供参考和借鉴，使每一件司法案件都能得到公平公正的处理。二是充分发挥区位优势，将面对最新类型、最为疑难案件所形成的"朝检金融"的先进司法理念和实践经验进行全面梳理、总结和升华，积极探索可复制、可借鉴的朝阳经验，以期在全市乃至全国进行推广。三是鼓励检察人员立足司法实践，以问题为导向，深化理论研究，更好地服务于司法办案，实现"三效"统一；同时提升检察人员的综合能力，完善专业人才培养，落实金融检察专业化人才培养中心这一职能定位，不仅要做办好案的"工匠"，更要努力去做精通业务的"专才"。

我对金融犯罪的诸多问题一直保持浓厚的研究兴趣。我曾在2016年全国两会期间提交专门建议，恳请"两高"充分关注实践中恶意透支型犯罪处罚异化和扩大化的问题，后引起有关方面的重视。2018年"两高"修改了相关司法解释，大幅度提高了定罪起点，严格了"经发卡银行催收"以及"非法占有目的"的认定标准，实践中有关的突出问题得以解决。我这个建议的问题意识，就直接来自朝阳区人民检察院、朝阳区人民法院的具体司法实践。近年来，我和朝检金融团队的检察官们始终保持着密切联系，我从他们关于惩治金融犯罪实务的具体数据、实践经验的介绍和理论提炼中学到了很多东西。所以，我需要对这个团队表示我的敬意和谢意。

我相信，朝阳区人民检察院能够以本丛书的出版为契机，站在更高的起点上立足检察职能，亮剑金融犯罪，主动作为，扎实攻坚，为区域金融生态环境保驾护航，为扎实推进金融犯罪领域的理论研究做出应有贡献。

是为序。

清华大学法学院教授 

2019.5.22

目　录

一　非法吸收公众存款罪

八　非法控制计算机信息系统罪

九　破坏计算机信息系统罪

一

非法吸收公众存款罪

变相吸收公众存款的"非法性"认定

——张某某非法吸收公众存款案

【关键词】

非法吸收公众存款罪　变相吸收公众存款　非法性

【基本案情】

北京某公司为一家 2015 年成立的互联网家装公司，公司内设工程部、材料部、品牌营销部、销售部、财务部等部门，主要业务是通过互联网营销的方式承接家庭房屋装修业务，装修材料由公司统一采购供客户选择，装修施工承包给挂靠在该公司的施工队并由该公司进行监督。2017 年 10 月，该公司出现资金紧张、无法按时发放员工及施工队工资，为缓解资金紧张、提高签单量，该公司先后于 2017 年双十一、双十二期间推出"装修款、全额返"的优惠活动，并通过互联网及电视广告等方式进行宣传推广，具体活动方式是客户签订装修合同并交纳装修款的 80% 以上可参加该活动，客户的装修款从装修完工后第 2 年开始每年返还 10%、分 10 年返完。客户参与活动后除了与公司签订正常的预售、施工等合同外，另与公司签订一份优惠确认书对返还装修款的内容予以确认。根据现有证据，共有约四十名客户参与了该优惠活动，涉及金额约四百万元。因资金链断裂，该公司于 2018 年 2 月停止营业、人去楼空，未对参与优惠活动客户的房屋进行装修，客户后到公安机关报案。本案嫌疑人张某某于 2015 年开始在该公司任职，历经多个岗位，最后提升为公司副总、材料部负责人，主要工作内容是装修材料的采购、供货商的洽谈合作、向客户介绍装修材料等。在公司资金链断裂后，张某某负责与客户的沟通等善后工作，负责与客户联系、签订分36个月返款的退款协议。

【诉讼过程和结果】

北京市公安局朝阳分局于2018年4月20日对本案立案侦查，于2018年7月16日将犯罪嫌疑人张某某抓获，同日以张某某涉嫌非法吸收公众存款罪对其刑事拘留，于2018年8月7日向北京市朝阳区人民检察院提请审查逮捕犯罪嫌疑人张某某，经北京市朝阳区人民检察院审查后认为，现有证据不足以证实犯罪嫌疑人张某某的行为构成犯罪，对其以证据不足不予批准逮捕。

【主要问题】

1. 本案开展全额返款的促销活动是否可以认定为变相吸收公众存款？
2. 本案开展全额返款的促销活动是否涉嫌其他犯罪？
3. 变相吸收公众存款"非法性"的认定。

【指导意义】

一、开展全额返款的促销活动是否可以认定为变相吸收公众存款

经审查后我们认为，该公司开展的"装修款、全额返"的促销活动不构成非法吸收公众存款罪，理由如下：

1. 非法吸收公众存款罪属于《中华人民共和国刑法》（以下统称《刑法》）分则第3章第4节破坏金融管理秩序的犯罪，该罪规制的是非法吸收公众存款或者变相吸收公众存款、扰乱金融秩序的行为。根据2010年最高人民法院《关于审理非法集资刑事案件具体应用法律若干问题的解释》第1条的规定，"违反国家金融管理法律规定，向社会公众吸收资金"，同时具备"非法性、公开性、利诱性、社会性"4个特征的，认定为非法吸收公众存款罪。本案中，北京某公司从成立开始一直经营的是家装业务，该公司为了缓解资金紧

张、提高签单量，开展了分 10 年全部返还装修款的优惠活动，虽然该优惠活动从形式上符合非法吸收公众存款罪中公开性（公开宣传）和社会性（客户不特定）的特征，在一定程度上也符合该罪利诱性（承诺在一定期限内给付回报）的特征，但该行为的本质并非向社会公众吸收资金存款，不具有该罪未经批准或借用合法经营形式吸收资金的特征，即不符合非法性的特征。一方面，对客户而言，客户待装修的房屋是客观存在的，客户付款的主要目的是对其房屋进行装修、并非通过其投资获取利息或者回报。另一方面，对公司而言，公司收到客户钱款后是需要提供真实装修服务的，且该装修服务与未开展优惠活动时的内容一样，优惠活动起到的作用是吸引客户通过该公司装修，从实质看该公司的优惠活动并非是对货币本身的经营。因此，该促销活动并不能解释为变相吸收公众存款的行为，不能认定构成非法吸收公众存款罪。

2. 2010 年最高人民法院《关于审理非法集资刑事案件具体应用法律若干问题的解释》第 2 条列举出的情形说明非法吸收公众存款罪规制的是不以真实交易为目的吸收资金的行为，该解释第 2 条第（1）项规定，"不具有房产销售的真实内容或者不以房产销售为主要目的，以返本销售、售后包租、约定回购、销售房产份额等方式非法吸收资金的。"第（4）项规定，"不具有销售商品、提供服务的真实内容或者不以销售商品、提供服务为主要目的，以商品回购、寄存代售等方式非法吸收资金的。"这些规定都说明不具有销售的真实内容或以销售为主要目的吸收资金的行为才可以认定为犯罪，并非本案中具有真实内容的销售行为。本案公司以提供真实装修服务为条件获取客户钱款、客户以获取真实装修服务为目的支付钱款，并不属于非法吸收公众存款罪所规制的吸收资金的行为，不能认定为非法吸收公众存款罪。

3. 若认定犯罪本案应属单位犯罪，嫌疑人张某某作为公司副总以及材料部门的负责人，非公司实际控制人，依据现有证据张某某并不属于该促销活动的直接策划和实施者，并非单位犯罪中追究刑事责任的直接负责的主管人员和其他直接责任人员，从该角度分析，现有证据也不足以认定张某某构成犯罪。

综合上述因素，朝阳区人民检察院对张某某作出证据不足不批准逮捕的决定。

二、开展全额返款的促销活动是否涉嫌其他犯罪

（一）判定是否涉嫌合同诈骗罪

北京某公司在资金紧张的情况下推出优惠活动吸引客户签约、付款，后续资金链断裂，未对付款客户的房屋进行装修、也无法归还客户钱款，最终公司关门停业，该行为有合同诈骗的嫌疑。《刑法》第224条规定的合同诈骗罪是以非法占有为目的，在签订、履行合同过程中骗取对方当事人财物的行为。证据方面，在认定该公司开展优惠活动是否构成合同诈骗罪时，需要着重从非法占有目的以及隐瞒真相骗取财物两方面取证，以准确判断该公司以及相关责任人员的行为是否构成合同诈骗罪。

（二）判定是否涉嫌虚假广告罪

北京某公司明知资金紧张，可能无法为客户提供装修的情况下，仍以装修全额返款的名义通过网络、电视进行夸大、失实宣传，使得40名客户损失400万元，该行为有可能构成虚假广告罪。《刑法》第222条规定的虚假广告罪是广告主、广告经营者、广告发布者违反国家规定，利用广告对商品或者服务作虚假宣传，情节严重的行为。证据方面，在认定公司开展该优惠活动是否构成虚假广告罪时，需要着重调取虚假宣传方面的证据，即在明知无法按照规定为客户开展装修并按照约定返还装修款的情况下，仍进行夸大、失实宣传的证据，以准确判断该公司以及相关责任人员的行为是否构成虚假广告罪。

三、变相吸收公众存款的"非法性"认定

（一）刑法设置变相吸收公众存款条款的意义

我国《刑法》第176条对非法吸收公众存款罪的罪状描述中包含了非法吸收公众存款和变相吸收公众存款两种行为，原因主要有以下两点：

一是变相吸收公众存款与非法吸收公众存款具有相同的社会危害性。国家为保证对社会资金的有效监督、管理和调控，对吸收公众存款的业务实行特许经营，《中华人民共和国商业银行法》（以下简称《商业银行法》）第11

条第 2 款规定，"未经国务院银行业监督管理机构批准，任何单位和个人不得从事吸收公众存款等商业银行业务。"该法第 81 条第 1 款还规定，"未经国务院银行业监督管理机构批准，擅自设立商业银行，或者非法吸收公众存款、变相吸收公众存款，构成犯罪的，依法追究刑事责任；并由国务院银行业监督管理机构予以取缔。"可见，变相吸收公众存款与非法吸收公众存款均是被法律所禁止的。关于何为变相吸收公众存款，国务院《非法金融机构和非法金融业务活动取缔办法》第 4 条第 2 款规定，"非法吸收公众存款，是指未经中国人民银行批准，向社会不特定对象吸收资金，出具凭证，承诺在一定期限内还本付息的活动；所称变相吸收公众存款，是指未经中国人民银行批准，不以吸收公众存款的名义，向社会不特定对象吸收资金，但承诺履行的义务与吸收公众存款性质相同的活动。"这说明非法吸收公众存款和变相吸收公众存款的差别仅仅是名义上的不同，其实质都是未经批准向社会不特定对象吸收资金的行为。《刑法》将非法吸收公众存款罪设定在刑法第 3 章破坏社会主义市场经济秩序罪的第 4 节破坏金融管理秩序罪之中，因为变相吸收公众存款和非法吸收公众存款的实质均是未经批准向社会不特定对象吸收资金的行为，二者对金融管理秩序的危害是相同的，也均给社会公众的财产安全带来不可控的风险，故将二者并列列于非法吸收公众存款罪的条款之中。

二是变相吸收公众存款是对非法吸收公众存款条款的必要补充。随着社会经济的发展变化，企业的资金需求也不断增加，一些无法通过正规、合法途径获取资金的企业因生产经营、拓展业务、归还债务等需要，会以发行股票债券、投资项目理财等各种各样的名义通过保本付息的方式吸收公众资金。还有一些企业专门从事货币的经营，利用借款、债权转让等名义一方面向社会公众募集资金、另一方面向有资金需求的人放贷，以赚取差价获利。上述这些行为的本质均是未经批准以保本付息的方式向社会公众募集资金的行为，均属于变相吸收公众存款，应为法律所禁止。因为变相吸收公众存款的手段多样、手法隐蔽，法律条文仅仅规定非法吸收公众存款难免让人理解为法律仅禁止非法以存款的名义吸收公众资金的行为，而不禁止其他形式吸收、使用公众资金的行为。在实际的司法判例中，被以非法吸收公众存款罪追究刑事责任的人员绝大多数采取的都是变相吸收公众存款的行为，并非直接以存款名义吸收资金。因此，变相吸收公众存款是对非法吸收公众存款条款的必要补充。

（二）变相吸收公众存款的"非法性"认定

2010年最高人民法院《关于审理非法集资刑事案件具体应用法律若干问题的解释》第1条第1款规定了4个特征要件，即："（1）未经有关部门依法批准或者借用合法经营的形式吸收资金；（2）通过媒体、推介会、传单、手机短信等途径向社会公开宣传；（3）承诺在一定期限内以货币、实物、股权等方式还本付息或者给付回报；（4）向社会公众及社会不特定对象吸收资金。"也就是常提及的"非法性""公开性""利诱性""社会性"，只有在同时具备上述4个特征时，吸收资金的行为才构成非法吸收公众存款罪。

对变相吸收公众存款行为的认定，首先要对"非法性"进行判断，这是认定该类案件的首要环节、是认定的难点、也是本案的焦点问题。关于这个问题，可以从最高人民法院《关于审理非法集资刑事案件具体应用法律若干问题的解释》开始分析，该解释在第1条对非法吸收公众存款的基本概念和特征要件作出规定的基础上，在第2条对各种多发易发的变相吸收公众存款的行为进行了列举："实施下列行为之一，符合本解释第一条第一款规定的条件的，应当依照刑法第一百七十六条的规定，以非法吸收公众存款罪定罪处罚：（1）不具有房产销售的真实内容或者不以房产销售为主要目的，以返本销售、售后包租、约定回购、销售房产份额等方式非法吸收资金的；（2）以转让林权并代为管护等方式非法吸收资金的；（3）以代种植（养殖）、租种植（养殖）、联合种植（养殖）等方式非法吸收资金的；（4）不具有销售商品、提供服务的真实内容或者不以销售商品、提供服务为主要目的，以商品回购、寄存代售等方式非法吸收资金的；（5）不具有发行股票、债券的真实内容，以虚假转让股权、发售虚构债券等方式非法吸收资金的；（6）不具有募集基金的真实内容，以假借境外基金、发售虚构基金等方式非法吸收资金的；（7）不具有销售保险的真实内容，以假冒保险公司、伪造保险单据等方式非法吸收资金的；（8）以投资入股的方式非法吸收资金的；（9）以委托理财的方式非法吸收资金的；（10）利用民间'会''社'等组织非法吸收资金的；（11）其他非法吸收资金的行为。"

最高人民法院《关于审理非法集资刑事案件具体应用法律若干问题的解释》对变相吸收公众存款的行为予以列举进一步揭示了其行为特征。例如：上述解释第（1）、（4）条提及的销售商品、提供服务的情形，正常此类经营活动应当是通过向公众销售商品、提供服务来获取资金，购买者通过支付价款可获得商品或者服务作为对价，该类行为通过《中华人民共和国合同法》《中华人民共和国产品质量法》《中华人民共和国消费者权益保护法》来规范和调整，并未违反金融管理法规，也不会因此涉嫌非法吸收公众存款罪，但在不以销售商品、提供服务的真实内容或者主要目的的情况下，即获取钱款方以融资为目的，提供钱款方以获取资金回报为目的时，就脱离了正常的销售商品、提供服务的买卖关系，可能涉嫌非法吸收公众存款罪。再如：上述解释第（2）、（3）条提及的转让权益代为管护、代为种植等情形，此类转让所有权或者使用权并代为管理的经营模式双方往往会签订一份承诺回购的条款，并约定到期收益，这就突破了代为管护、种植的经营行为，实质上成为了一种变相的融资行为，涉嫌非法吸收公众存款罪。还如：上述解释第（5）、（6）、（7）条提及以发行股票、债券、募集基金、销售保险等形式非法吸收资金，开展股票、债权、基金、保险业务虽然也属于金融业务，需要相关的审批资质，未经批准经营证券、保险业务可能涉嫌非法经营罪和擅自发行股票、公司、企业债券罪等罪名，但从实质分析，如果以开展股票、债券、基金、保险业务为名进行的非法吸收资金行为同样涉嫌非法吸收公众存款罪。

最高人民法院《关于审理非法集资刑事案件具体应用法律若干问题的解释》即便是列举了10种变相吸收公众存款的行为，也在最后加入了第（11）条"其他非法吸收资金的行为"，说明变相吸收公众存款的名义、种类繁多，难以一一列举。不过，从上述列举中可以得出变相吸收公众存款"非法性"的认定路径，即：首先辨别该行为实质上是融资行为还是生产、经营、交易行为，如果该行为实质上存在真实的生产、经营、交易行为，就不符合非法吸收公众存款罪所要求的"非法性"；如果实质上是融资行为，其次就需要判断是否具有相关资质，无资质开展的融资行为可能涉嫌非法吸收公众存款罪或其他金融犯罪，有资质还需要判断具体是何种资质，即便具有股票、债券、基金、保险等融资业务的资质，但不具有吸收公众存款的资质，开展吸收或变向吸收公众存款的业务同样涉嫌非法吸收公众存款罪。

（三）变相吸收公众存款的其他认定难点

在认定是否属于变相吸收公众存款时，上文提及的对行为实质进行判断是对非法吸收公众存款罪"非法性"特征的判断方法。当然，在认定此类案件的时候，还需要对是否符合"公开性""利诱性"和"社会性"进行判断，该3个标准的判断方法相关学者和实务工作者已多有讨论，焦点主要集中在只有投资人口口相传的宣传方式是否符合"公开性"，未明确还本付息仅仅以预期收益的方式体现在合同中是否符合"利诱性"，单位内部人员、亲友的投资是否符合"社会性"等存在争议的问题上，虽在不断的争辩、讨论过程中判断标准逐渐明晰，但也难以达成一致的意见，仍有进一步探讨的空间，笔者始终认为，结合具体案件对这类疑难问题进行分析，会有更多的事实细节予以支撑，也更容易得出令人信服的结论，让案件得到更公正的处理。

【相关法律规定】

一、中华人民共和国刑法

第一百七十六条 非法吸收公众存款或者变相吸收公众存款，扰乱金融秩序的，处三年以下有期徒刑或者拘役，并处或者单处二万元以上二十万元以下罚金；数额巨大或者有其他严重情节的，处三年以上十年以下有期徒刑，并处五万元以上五十万元以下罚金。

单位犯前款罪的，对单位判处罚金，对其直接负责的主管人员和其他直接责任人员，依照前款的规定处罚。

二、最高人民法院《关于审理非法集资刑事案件具体应用法律若干问题的解释》（2011年1月4日施行）

第二条 实施下列行为之一，符合本解释第一条第一款规定的条件的，应当依照刑法第一百七十六条的规定，以非法吸收公众存款罪定罪处罚：

（一）不具有房产销售的证实内容或者不以房产销售为主要目的，以返本销售、售后包租、约定回购、销售房产份额等方式非法吸收资金的；

（二）……

（三）……

（四）不具有销售商品、提供服务的证实内容或者不以销售商品、提供服务为主要目的，以商品回购、寄存代售等方式非法吸收资金的；

……

（北京市朝阳区人民检察院第二检察部　蔡晨昊）

网贷平台非法吸收公众存款案件的认定
及相对不起诉的适用

——朱某某、张某某非法吸收公众存款案

【关键词】

非法吸收公众存款罪　相对不起诉　退赔

【基本案情】

黄某某于 2014 年出资收购了位于北京市朝阳区的北京某投资管理有限公司，希望利用该公司旗下的某网络借贷平台为其掌控或关联的多家公司融资，黄某某收购该公司后委派犯罪嫌疑人朱某某担任该公司法人、负责公司全面工作，委派犯罪嫌疑人张某某负责该公司的财务工作。2014 年 12 月至 2015 年 10 月间，该公司通过网上推广宣传的方式吸引投资人在其网络借贷平台进行投资。具体经营模式是：投资人确定投资后，与借款公司通过平台生成网上借款协议、明确约定借款期限及收益。投资人钱款通过第三方支付平台或者银行转账的方式先进入该公司账户，后由张某某等人按照用款公司的需求金额转至用款公司账户，还款时，用款公司先将钱款转入该投资管理有限公司，后根据投资人申请提现的金额转账给投资人。2015 年 10 月，因用款单位未及时归还所借款项，该公司资金链断裂，在其平台上发布分期还款的清盘公告，平台也停止运营。经核实，共造成 300 余名投资人钱款共计人民币 800 余万元无法归还。

投资人因公司无法按时还款且对还款计划不满，于 2015 年 12 月到北京市公安局朝阳分局报案，朝阳分局随后对本案立案侦查，犯罪嫌疑人朱某某、张某某于 2016 年 3 月被抓获归案。二人被抓获后，其家属通过黄某某筹措钱款陆续归还绝大多数投资人钱款并取得书面谅解，至该案移送检察机关审查起诉时，仅剩余 20 名投资人的 17 万元投资款因无法联系未归还。在审查起诉阶段，经检察机关要求，二人已将剩余未归还的 17 万元交至指定账户予以扣押。

【诉讼过程和结果】

北京市公安局朝阳分局于 2016 年 1 月对本案立案侦查，于 2016 年 3 月将犯罪嫌疑人朱某某、张某某抓获，同日以二人涉嫌非法吸收公众存款罪对其刑事拘留，于 2016 年 6 月向北京市朝阳区人民检察院移送审查起诉，经北京市朝阳区人民检察院审查后认为，二人的行为符合《中华人民共和国刑事诉讼法》①第 173 条第 2 款规定，对二人相对不起诉。

【主要问题】

1. 网络借贷平台非法吸收公众存款案件的认定标准。
2. 网络借贷平台非法吸收公众存款案件与传统案件认定的不同。
3. 网络借贷平台非法吸收公众存款案件相对不起诉的考量因素。

【指导意义】

一、网络借贷平台非法吸收公众存款案件的认定

2010 年最高人民法院《关于审理非法集资刑事案件具体应用法律若干问题的解释》（以下简称 2010 年最高法司法解释）第 1 条明确了构成非法吸收公众存款罪需要同时具备的 4 个条件，即非法性、公开性、利诱性和社会性，但该司法解释颁布时网络借贷在我国并未大规模出现，也未考虑到以网贷平

---

① 指 2012 年《中华人民共和国刑事诉讼法》——编者注。

台为名进行的非法集资相较于线下非法集资的特殊情况。笔者认为，网贷平台作为一种开放的互联网平台其本身就具有宣传的开放性和浏览对象的不特定性，非法吸收公众存款罪所要求的向社会公开宣传的公开性及向社会不特定对象吸收资金的社会性天然由网贷平台所具备，在通常情况下，判断网贷平台是否构成犯罪时仅需考虑是否具备非法性和利诱性两个要件。

（一）非法性的判断——吸收公众存款的实质及资金池概念的引入

2010 年最高法司法解释第 1 条明确了非法吸收公众存款违反的是国家金融管理法律规定，国家金融管理法律规定中的《中华人民共和国商业银行法》第 11 条规定"未经国务院银行业监督管理机构批准，任何单位和个人不得从事吸收公众存款等商业银行业务"，可以看出，非法吸收公众存款罪中的非法性具体指的是未经批准而开展的吸收公众存款的商业银行业务。如果认定网贷平台未经批准实质上开展的是类似商业银行的吸收公众存款业务，网贷平台就符合 2010 年最高法司法解释所规定的非法性。

判断网贷平台实质上开展的是否是商业银行吸收公众存款的业务，需要引入资金池的概念。资金池在有关网贷网络借贷的讲话及文件中多次被提及，2013 年 11 月 25 日及 2014 年 4 月 21 日召开的处置非法集资部际联席会议上，中国人民银行和银监会相关负责人分别明确指出了网络借贷不得归集资金搞资金池；2016 年 4 月国务院办公厅《互联网金融风险专项政治工作实施方案》也规定"网络借贷平台应守住法律底线和政策红线，落实信息中介性质，不得设立资金池"。虽然目前关于资金池并无明确的定义，但这并不妨碍对资金池的认识并分析其风险。商业银行的基本盈利模式是通过吸收存款和发放贷款赚取差价，存款人和贷款人在存贷款时间、金额等方面并非一一对应，均是和商业银行产生法律关系，存款人的钱款在商业银行就会形成一个可以由商业银行支配的资金池，这是商业银行吸收公众存款的实质。资金池的风险一方面在于资金归属不清可能会发生挤兑风险，另一方面在于资金池中的资金有可能被侵占或者挪用，因此，商业银行开展吸收公众存款业务需要严格的风控体系也需要经过严格的审批程序，未经批准设立可以被支配的资金池吸收存款就符合了非法吸收公众存款罪所要求的非法性，网贷平台未经批准设立可以被支配的资金池开展业务同样符合非法吸收公众存款罪的非法性要件。

（二）利诱性的判断——平台承诺或实质上的平台承诺

认定网贷平台构成犯罪除了判断非法性还要判断利诱性，2010年最高法司法解释对利诱性的规定是"承诺在一定期限内以货币、实物、股权等方式还本付息或者给付回报"，承诺的形式可以是写在借贷协议中的、也可以是单独出具的、还可以是网站中宣传的。在网贷平台进行自融或者变相自融时只要在借贷协议中约定了借款期限、利息等内容，实质上就相当于在网贷平台承诺，就符合非法吸收公众存款罪的利诱性。

结合本案，黄某某通过收购涉案公司并利用其网络借贷平台为其掌控或关联的多家公司融资，已经属于通过网络借贷平台进行的自融或变相自融的行为，该经营模式完全符合非法吸收公众存款罪的非法性和利诱性，也符合该罪公开性及社会性的特征，该经营行为已经构成非法吸收公众存款罪。

二、网贷平台犯罪和传统线下犯罪认定的不同

网贷平台的监管形式和运营模式均与线下公司存在差别，即便是合法经营的网贷平台也存在客户支付钱款和支付客户本息等行为，因此，在认定网贷平台是否构成犯罪时与认定线下公司的行为是否构成非法吸收公众存款罪存在不同。

（一）非法性的判断标准不同

正规的网贷平台经过备案后是允许经营的，而传统金融行业必须经过严格的审批才能开展业务。在司法实践中，线下吸收公众存款的公司绝大多数不具备吸收公众存款的资质，但涉及吸收公众存款的网贷平台多数均进行了网贷平台的备案。因此，对于线下吸收公众存款的公司可以依据未经审批直接认定其具有非法性，但对于网贷平台，需要依据证据认定是否存在可被控制的资金池才能进一步判断是否具有非法性，而不是依据是否进行了备案进行判断。

（二）公开性及社会性的判断标准不同

网贷平台作为一种开放的互联网平台其本身就具有宣传的开放性和浏览对象的不特定性，网贷平台天然具备公开性及社会性，一般情况下仅需认定在网贷平台的网站或者 App 上有宣传行为即可。线下非法集资公司公开性及社会性的认定则需要依据证据认定是否通过多种途径向社会公开宣传以及投资人是否为不特定人员。

（三）主观要件的判断标准不同

正因为存在合法合规经营的网贷平台，在认定嫌疑人的主观明知要件时，需要相应的证据证实嫌疑人主观上明知存在可以由公司支配的资金池，对于网贷平台的一般工作人员关于不知道行为违法的辩解应当予以重视、结合在案证据判断其辩解是否合理。对线下非法集资公司而言，对金融秩序的扰乱及危害嫌疑人应该是可以预见的，加之绝大多数该类公司并无相应资质，嫌疑人应当认识到公司的违法性，嫌疑人关于不知道行为被法律所禁止的辩解原则上不能成立。

结合本案，犯罪嫌疑人朱某某和张某某作为公司负责人和财务负责人参与到本案之中，客观上有非法吸收公众存款的行为；二人明确知道公司的资金汇集情况及资金去向，主观上有非法吸收公众存款的故意，二人的行为已构成非法吸收公众存款罪。

三、网络借贷平台非法吸收公众存款案件相对不起诉的考量因素

因每一个刑事案件都有着各种各样的不同之处，所以此类案件的处理，尤其涉及到是否可以对犯罪嫌疑人做出相对不起诉的决定无法提出明确的适用标准，笔者只能就本案最终作出相对不起诉决定所考量的因素予以说明：

（一）对朱某某、张某某相对不起诉的事实依据

1.朱某某、张某某的行为已经构成犯罪。现有证据可以证实朱某某、张某某的行为符合非法吸收公众存款罪的主、客观要件，已经构成非法吸收公众存款罪。

2.绝大多数投资人钱款已还清并获得谅解，剩余未归还钱款已扣押在案。

二人被抓获后，其家属通过黄某某等人筹措钱款已陆续将绝大多数投资人的钱款还清，并取得了投资人的书面谅解。剩余20名投资人的17万元钱款因无法联系上投资人而无法还款，经检察机关要求，该17万元已交至指定账户并予以扣押，在联系上投资人后予以发还。

3. 投资人钱款用于生产经营，无挥霍、占有投资款的行为。司法会计鉴定意见显示朱某某、张某某负责经营公司期间，投资人钱款主要用于向外借款，另有小部分资金用于公司房租和员工工资等经营支出，二人无挥霍、占有投资款的行为。

4. 朱某某、张某某并非公司实际控制人，公安机关也未将实际控制人黄某某抓获。朱某某、张某某虽系公司管理人员，但二人并非公司实际控制人，仅是通过工作获取固定工资，投资人钱款也并非二人使用。另外，根据现有证据可以证实黄某某为实际控制人，但根据朱某某、张某某家属反映的情况，二人被抓后投资人钱款均是由黄某某筹集资金予以还清，故也无再继续追诉黄某某的必要。

5. 犯罪嫌疑人朱某某、张某某均无前科劣迹，归案后均能如实供述所犯罪行，且认罪认罚。犯罪嫌疑人朱某某、张某某在公安机关及检察机关均能如实供述所犯罪行，认罪态度良好。

（二）对朱某某、张某某相对不起诉的法律政策依据

1. 刑事诉讼法依据

《中华人民共和国刑事诉讼法》第173条第2款规定："对于犯罪情节轻微，依照刑法不需要判处刑罚或者免除刑罚的，人民检察院可以作出不起诉决定。"该规定是对二人相对不起诉的基础法律依据。

2. 司法解释依据

关于非法集资案件，最高人民法院《关于审理非法集资刑事案件具体应用法律若干问题的解释》（2010年12月13日）第2条第3款规定："非法吸收或者变相吸收公众存款，主要用于正常的生产经营活动，能够及时清退所吸收资金，可以免予刑事处罚；情节显著轻微的，不作为犯罪处理。"本案吸收的资金主要用于向其他相关公司借款，应属于从事网络借贷业务公司的正

常生产经营活动，案发后及时归还全部吸收资金，符合上述司法解释的规定，可以免予刑事处罚。

3. 认罪认罚从宽制度依据

2016 年 11 月 16 日，"两高三部"根据全国人大常委会的授权发布了《关于在部分地区开展刑事案件认罪认罚从宽制度试点工作的办法》，在北京等 18 个地区启动认罪认罚从宽制度的试点工作。2018 年 10 月 26 日，第十届全国人大常委会通过了《关于修改〈中华人民共和国刑事诉讼法〉的决定》，将认罪认罚从宽制度上升到法律规定。认罪认罚从宽制度是对宽严相济刑事政策的进一步落实，可以完善刑事诉讼程序、合理配置司法资源、提高办理刑事案件的质量与效率、促进司法公正。虽然本案在办理过程中认罪认罚从宽制度尚未上升到法律规定，在北京地区仅仅是试点工作，但朱某某、张某某认罪认罚、积极配合司法机关开展工作，符合该试点工作办法的规定，可以依据该办法对二人从宽处罚。

（三）对朱某某、张某某相对不起诉的目的

1. 实现法律和社会效果相统一

该案在符合相对不起诉的各项法律政策的情况下，是否对二人做出相对不起诉的决定涉及社会效果问题。因为非法集资案件挽回损失的比例普遍较低，2010 年最高法司法解释虽然规定"资金主要用于正常的生产经营活动，能够及时清退所吸收资金，可以免予刑事处罚"，但实际判例能更直接地体现法律规定的含义，对本案不起诉可以进一步促进此类案件的嫌疑人积极筹措资金归还钱款，以最大限度地获取从轻处罚，也可以更有效地挽回投资人损失、降低该类犯罪行为造成的社会危害。

2. 实现个案公正处理

实现个案公正的一个标准就是"同案同判"，就本案而言，如果仅仅对朱某某、张某某起诉，但不追诉购买该公司和使用资金的黄某某，对朱某某、张某某而言是不公正的，因此，若对朱某某、张某某起诉，必须也要将黄某某抓获到案、依法起诉。但基于上文的分析，对本案不起诉不仅符合相关法律规定、也有利于社会效果的实现，在此情况下，对朱某某、张某某不起诉

就是更为合理的选择。

【相关法律规定】

一、中华人民共和国刑法

第一百七十六条 非法吸收公众存款或者变相吸收公众存款，扰乱金融秩序的，处三年以下有期徒刑或者拘役，并处或者单处二万元以上二十万元以下罚金；数额巨大或者有其他严重情节的，处三年以上十年以下有期徒刑，并处五万元以上五十万元以下罚金。

单位犯前款罪的，对单位判处罚金，对其直接负责的主管人员和其他直接责任人员，依照前款的规定处罚。

二、中华人民共和国刑事诉讼法

第一百七十七条第二款 对于犯罪情节轻微，依照刑法不需要判处刑罚或者免除刑罚的，人民检察院可以作出不起诉决定

三、最高人民法院《关于审理非法集资刑事案件具体应用法律若干问题的解释》（2011年1月4日施行）

第二条第三款 非法吸收或者变相吸收公众存款，主要用于正常的生产经营活动，能够及时清退所吸收资金，可以免予刑事处罚；情节显著轻微的，不作为犯罪处理。

（北京市朝阳区人民检察院第二检察部　蔡晨昊）

冒名股东在非法吸收公众存款罪中责任认定

——杨某某非法吸收公众存款案

【关键词】

非法集资　冒名股东　身份认定

【基本案情】

经审查认定：

某文化传播有限公司成立于 2011 年 7 月 12 日，住所地为北京市朝阳区东三环中路 39 号院，法定代表人韩某某（2014 年 7 月 3 日变更为许某某），注册资本 100 万元，股东为韩某某（出资 50 万元；后变更为许某某）、田某某（出资 50 万元；后变更为杨某某（本案嫌疑人））；经营范围为一般经营项目。

被告人韩某某伙同他人于 2012 年 1 月至 2014 年 6 月上旬，在某文化传播有限公司位于北京市朝阳区东三环中路 39 号院、东三环中路 39 号建外 SOHO 的经营地，采取电话推广、朋友介绍等方式公开宣传，以承诺到期回购、支付利息销售邮票藏品的形式，面向社会公开向郭某某等 80 余人募集资金人民币 280 余万元，后返还 10 余万元。被告人韩某某于 2016 年 11 月 9 日被抓获归案。2017 年 7 月 26 日，北京市朝阳区人民检察院以被告人韩某某犯非法吸收公众存款罪，向北京市朝阳区人民法院提起公诉，北京市朝阳区人民法院于 2018 年 3 月 21 日判决判处被告人韩某某有期徒刑 3 年，罚金人民币 15 万元，判决已生效。

在韩某某案审理过程中，查明本案嫌疑人杨某某作为公司股东有重大作案嫌疑，北京市公安局朝阳分局于 2018 年 11 月 2 日将杨某某刑事拘留，后于 2018 年 11 月 22 日将本案报北京市朝阳区人民检察院审查逮捕。经审查，由于在案证据不足，北京市朝阳区检察院于 2018 年 11 月 28 日对杨某某作出不批准逮捕决定。

【诉讼过程和结果】

北京市公安局朝阳分局于 2015 年 5 月 7 日，接到事主闫某某（等人）来经侦大队报案称：2014 年 7 月 5 日，某文化传媒有限公司以投资收藏品并有返利为由，与事主在朝阳区建外 SOHO 24 号楼 A 座 1103 室签订《如意收藏销售单》，骗取事主闫某某共计 341614 元人民币。经工作，查明杨某某有重大嫌疑，北京市公安局朝阳分局南磨房派出所于 2018 年 9 月 4 日将杨某某布控为在逃人员。2018 年 11 月 2 日 10 时许，河北省张家口警方将在逃人员杨某某抓获。

北京市朝阳区人民检察院于 2018 年 11 月 22 日接到北京市公安局朝阳分局提请审查逮捕犯罪嫌疑人杨某某涉嫌非法吸收公众存款罪一案的文书及案卷材料、证据，进行审查后，认为证据不足，对杨某某作出不批准逮捕的决定。

【主要问题】

冒名股东在非法吸收公众存款罪中的责任认定。

【指导意义】

一、本案不批捕理由

嫌疑人辩称其身份证曾经丢失过，其在某文化传播有限公司运营期间未任职，亦不认识本案韩某某等嫌疑人。韩某某（已判决）案的口供中并未提到杨某某，且亦无投资人对其进行指认。在案卷宗中工商资料的杨某某签字、身份证复印件都无法认定其参与犯罪，认定其犯罪的证据不足。因此承办人认为在案证据无法证明犯罪嫌疑人具有非法吸收公众存款的主观故意。虽然在工商资料中有犯罪嫌疑人的签字和身份证复印件，但无法确定该签字和复印件的有效性。故，认定犯罪嫌疑人杨某某构成非法吸收公众存款罪的证据不足。建议不予批准逮捕。

二、冒名股东在非法吸收公众存款罪案件中的责任认定

近年来，非法集资类犯罪案件频发，国家重拳打击相关犯罪，先后出台一系列法律法规规范行业现状，区分罪与非罪。根据《关于取缔非法金融机构和非法金融业务活动中有关问题的通知》规定，非法集资是指单位或者个人未依照法定程序经有关部门批准，以发行股票、债券、彩票、投资基金证券或者其他债权凭证的方式向社会公众筹集资金，并承诺在一定期限内以货币、实物以及其他方式向出资人还本付息或给予回报的行为。

在最高人民法院《关于审理非法集资刑事案件具体应用法律若干问题的解释》中，对"非法吸收公众存款或者变相吸收公众存款"行为的解释，需符合4个条件：

1.未经有关部门依法批准或者借用合法经营的形式吸收资金；

2.通过媒体、推介会、传单、手机短信等途径向社会公开宣传；

3.承诺在一定期限内以货币、实物、股权等方式还本付息或者给付回报；

4.向社会公众即社会不特定对象吸收资金。

同时，"未向社会公开宣传，在亲友或者单位内部针对特定对象吸收资金的，不属于非法吸收或者变相吸收公众存款。"但在向亲友或者单位内部人员吸收资金的过程中，明知亲友或者单位内部人员向不特定对象吸收资金而予以放任的，以及以吸收资金为目的，将社会人员吸收为单位内部人员，并向其吸收资金的，仍然应当认定为向社会公众吸收资金，也就是仍然存在构成非法集资的可能性。

可见，只要不具备合法资质面向不特定对象公开宣传和吸收资金，并承诺还本付息的行为，都可以认定为非法集资。而针对特别人群的内部集资行为，则不宜认定为非法集资。

对于公司内部人员在非法吸收公众存款罪中的地位和责任的认定以及主观故意的判断一向是区分具体人员罪与非罪的要点。在涉众型的经济犯罪中，涉案的直接责任人一般情况下都比较多，直接责任人的认定及追究的范围层级直接关系到案件的公正与否、关系到涉案利害关系人的权益维护到位与否、同时也关系到案件在社会上的影响程度，所以做好直接责任人的认定及追究层级至关重要。非法吸收公众存款作为涉众型经济犯罪的一种，直接责任人的认定同样有着举足轻重的地位，负有直接责任的人，也称直接责任人。在单位犯罪中，实行双罚制，对单位判处罚金，对其直接负责的主管人员和其他直接责任人判处刑罚。

关于犯罪中直接责任人的界定范围，一直是理论界与司法实践中争论的问题。尤其在集资类案件中，涉嫌的直接责任人比较多，作为组织中起决定、指挥作用的负责人或主管负责人对犯罪事实有着不可推卸的责任。《全国法院审理金融犯罪案件工作座谈会纪要》（法〔2001〕8号）对此给予了明确规定："直接负责的主管人员，是在单位实施的犯罪中起决定、批准、授意、纵容、指挥等作用的人员，一般是单位的主管负责人，包括法定代表人。其他直接责任人员，是在单位犯罪中具体实施犯罪并起较大作用的人员，既可以是单位的经营管理人员，也可以是单位的职工，包括聘任、雇佣的人员。应当注意的是，在单位犯罪中，对于受单位领导指派或奉命而参与实施了一定犯罪行为的人员，一般不宜作为直接责任人员追究刑事责任。"作为非法吸收公众存款罪的共犯，在业务员的责任认定方面，我们多从其主观故意、非法吸收资金的数额以及非法吸收客户人数等方面来对其责任进行认定。在对于公司高层管理人员的责任认定上则要重点惩处非法集资犯罪活动的组织者、领导者和管理人员，包括单位犯罪中的上级单位（总公司、母公司）的核心层、管理层骨干人员，下属单位（分公司、子公司）的管理层和骨干人员，以及其他发挥主要作用的人员。

按照法律规定，公司非法吸收公众存款的，对直接负责的主管人员和其他直接责任人员追究责任。如果虽为股东，但是不知道、没参与这个事情或者没有参与公司实际经营，不承担责任。在实际生活中，存在冒用他人名义进行工商注册，亦即冒名股东的情况，针对这种情况下被冒名人在犯罪中的责任如何界定则需要认真研究。

（一）冒名股东及其股东资格认定

冒名出资，顾名思义是指冒用他人名义进行出资，而被冒名者可以是根本不存在的人，也可以是真实存在的人。不论上述哪种情况，被冒名者均不知自己的姓名和信息被他人冒用的情况，其并未实际出资也未行使股东权利，其姓名和信息却被记载于公司章程、股东名册之上成为公司的股东。冒名者实际享有股东权利并参与公司的经营管理，为实际出资人，但公司和其他股东却对其真实身份并不知晓，误以为其身份就是那个被冒名的股东。被冒名者仅仅是在外在载体上被列明为股东而已。由此不难看出，冒名者主要是出于主观趋利性、工商部门登记制度缺陷、相关立法缺失等多种因素所作用的结果。在确认冒名股东是否具有股东资格时，也应当根据上述两种不同的情况来进行确认，即：

1. 被冒名人实际并不存在

这种情况实际上就是冒名股东其实为虚构，系并不存在的组织、已解散组织、已死亡自然人或虚构的自然人。这种情况下，被冒名人不应确认其具有股东资格，因为虚构的股东无法享有《中华人民共和国公司法》（以下简称《公司法》）规定的股东权利，也无法承担法律规定的股东义务，如果确认他们的股东资格，必将影响公司的正常运转。而实际投资人也就是冒名人的股东资格则应当予以确认，这也是从公司运营以及保护第三人角度考虑的最佳结果。

2. 被冒名人实际存在

此种情形下，被冒名人是实际存在的，其对于被冒名的情形又应当区分其是否善意。在非善意已知时其所谓的"冒名"其实名为冒名实为借名，被借名人不能享受股东应有的权利，但是由于实际出资人和借名股东间的行为系个人行为，并不能对抗善意第三人，应当在其登记出资范围内对公司债务承担连带责任；若其是善意的，对于自己被冒名的行为并不知情的情形下则应当区分公司内外来区别其是否具有股东资格。

（1）对于公司外部的法律关系中的股东资格确认

对于公司外部的法律关系，由于要保障善意第三人的利益，应当以工商登记来证明股东关系。即应当由被冒名人承担责任后再向实际投资人追偿，这样才有利于维护交易关系稳定，否则就相当于将公司内部的股权关系审查义务强加给作为交易相对人的善意第三人，同时也相当于把交易结束后的返还责任强加给他们，这对于维护交易稳定是极其不利的。通过工商登记机关的交易信息的对外公示，就可以依据工商登记机关的信息来认定是否具备股东资格，毕竟工商登记的信息是有公信力的。而若由于各种因素的综合作用和影响，使得工商登记机关信息与股东名册上的变更登记信息存在冲突情形时，就需要根据工商登记文件来认定股东资格。

（2）对于公司内部的法律关系中的股东资格确认

对于公司内部的法律关系，则应当尊重当事人之间的平等自愿原则，在不知情被冒用的情形下不应当确认被冒名者的股东资格，不使其承担其不应当承担的责任，股东之间应遵循尊重当事人自由、自愿的原则，因为公司是以人为本的社团法人，应非常尊重公司里的每一个人。况且在股东之间的交往一般很少涉及交易事宜，因此工商登记不应该成为认定股东资格是否的唯一证据，应当关注当事人的意愿，以当事人的真情实愿为标准，这样才能充分反映出股东的作为和目的，以当事人的出资行为等实际行为或证据，作为股东资格确认的标准证据。

（二）认定冒名股东情形的标准

冒名股东的认定标准应同时具备公司设立时的申请材料并非本人签名、未实际出资、未实际参与公司的管理经营三个条件。

1.公司设立时的申请材料并非本人签名。包括公司章程在内的，需要股东亲自签名的公司登记申请材料，是判断是否具备股东资格的重要依据。在实践中冒名股东的存在导致实际股东与记载股东不一致的情形大量存在。因而在实践中我们无法将公司登记申请材料的记载与签署与冒名股东之间建立完全的、必然的联系。在当前诸多公司都采用登记代理制度的前提下，若将签名的真伪作为判断是否为冒名登记的唯一判断依据，则有可能为真实股东借签署公司登记申请材料非本人的事实，要求法院确认自己为冒名股东，以达到规避股东责任的目的的情况。因此，对于公司设立时的申请材料是否为股东本人亲自签名，是判断股东是否被冒名的重要依据，而非唯一依据。

2. 并未实际出资。对于是否实际出资与最终是否取得股东资格的关系这个问题，《公司法》并没有明确规定股东取得股东资格必须向公司实际出资，另外从条文本身分析，股东瑕疵出资并不必然产生否定其股东资格的后果，只会导致相应法律责任的产生。尤其是在 2014 年《公司法》修改后，规定在在维持法定资本制为框架的前提下，一般公司的设立与登记改为资本认缴制。在认缴资本制下，法律不再强制股东缴足出资，股东在发起设立公司前只需承诺自己对于公司出资的额度、资本的类型和出资的期限，原则上设立公司时股东可能并未实际出资，出资期限只要在公司存续期间内，可以设定为几十年甚至更久，通过公司章程关于出资期限约定的修改，股东甚至可以延长认缴期限。从以往的判例中看，在实际出资与取得股东身份之间的关系这一问题上，各地审判机关在认识上虽然尚存分歧，但一般认为取得股东资格并不必然要求实际出资。然而，对于认定冒名股东的案件，判断当事人是否存在成为股东的真实意思表示对于认定是否存在冒名的情形是十分重要的。在商事登记代理制度有可能导致公司登记申请材料上的签名不规范，签名无法成为判断意思表示真伪的情况下，是否实际出资应当作为判断是否有成为股东的意思表示的重要依据。

3. 未实际参与公司的经营管理。实际生活中，参与公司经营管理的基础和条件是拥有股东资格，股东参与公司的经营管理的重要方式就表现为享受股东权利和承担相应义务。实际行使股东权利的行为能够更直接地表明行为人存在着成为公司股东的真实意思，同时也可根据其他股东或公司明知或应当知道却无异议的情况，推定公司内部对行为人股东身份的认可。我国《公司法》规定，股东的法定权利有投票表决权、提案权、提议权、监督权、知情权等。股东在行使相应权利、参与公司经营管理过程中，必然涉及在股东会决议或其他公司经营中需要股东签署的文件中签字，这些文件一般要求股东亲自签名才具备法律效力。即便由其他股东代为签署，也应具备合法的授权委托。因此，未实际参与公司的经营管理是判断冒名股东的依据之一。

在刑事案件中，公诉机关如果要判断冒名股东是否存在的情况，也应当从以上几个方面来查找证据，可以通过借助司法鉴定等科学手段，结合嫌疑人口供，其他证人证言等综合判断，对嫌疑人身份进行确认。

三、案件办理效果

基于上述对于冒名股东股东资格的认定及相关标准的阐释，我们再回到本案当中。本案嫌疑人杨某某与涉案公司的联系就目前证据而言仅有工商资料上的变更登记及无法证明是否为其本人亲笔的签名，嫌疑人本人自始至终辩称其在涉案公司运营期间未在该公司担任股东，未向该公司实缴或认缴出资，也不认识涉案其他人员，未参与公司实际运营，身份证曾多次丢失的情况。同时在案并无投资人对嫌疑人进行指认，故而承办人在审查后认为本案证据不足，对嫌疑人作出了不予逮捕的决定。

【相关法律规定】

一、中华人民共和国刑法

第一百七十六条 非法吸收公众存款或者变相吸收公众存款，扰乱金融秩序的，处三年以下有期徒刑或者拘役，并处或者单处二万元以上二十万元以下罚金；数额巨大或者有其他严重情节的，处三年以上十年以下有期徒刑，并处五万元以上五十万元以下罚金。

单位犯前款罪的，对单位判处罚金，并对其直接负责的主管人员和其他直接责任人员，依照前款的规定处罚。

二、最高人民法院关于适用《中华人民共和国公司法》若干问题的规定（三）（法释〔2011〕3号）

第二十八条 冒用他人名义出资并将该他人作为股东在公司登记机关登

记的，冒名登记行为人应当承担相应责任；公司、其他股东或者公司债权人以未履行出资义务为由，请求被冒名登记为股东的承担补足出资责任或者对公司债务不能清偿部分的赔偿责任的，人民法院不予支持。

（北京市朝阳区人民检察院第二检察部　郭政宏）

在原投资人范围吸收资金的社会性、利诱性认定

——陈某某非法吸收公众存款案

【关键词】

非法吸收公众存款　公开性　社会性　利诱性

【基本案情】

经审查认定：

2016 年至 2017 年间，靳某甲、靳某乙等人在北京市朝阳区朝外大街 26 号以某（北京）投资管理有限公司的名义通过发放传单、随机拨打电话的方式向社会公众宣传将资金投资到河北某轮胎制造有限公司用于生产经营，投资款可以保本并获得年化 24% 的收益率，同时某（北京）投资管理有限公司、河北某轮胎制造有限公司与投资人签订《借款合同》。

2016 年 3 月犯罪嫌疑人陈某某通过路边发放的传单得知了某（北京）投资管理有限公司的投资项目，后在该公司投资人民币 6 万元。2016 年 10 月开始河北某轮胎制造有限公司因经营不善导致资金链断裂，无法向投资人如期正常返本付息。2016 年 11 月部分债权人为讨要投资款建立债主微信群，陈某某为群主。后以陈某某为主的多名投资人代表多次向靳某甲维权，商讨还款事宜。2017 年 3 月靳某甲向陈某某等投资人代表透露河北某轮胎制造有限公司将从香港引进 2.5 亿元的外商投资款，可以用该笔款项偿还投资人的钱款，

同时提出为了引入外资需要再向投资人筹借人民币 300 万元作为调汇费，经双方协商，由陈某某负责组织投资人筹集 300 万元调汇费。

陈某某为筹集 300 万元调汇费，通过在原债主微信群中发言、给群成员打电话等方式进行组织宣传。并与同意二次投资的投资人签订《耐磨拉筹集 300 万调汇费向债权人借款协议书》，书面约定二次投资的年化收益率为 60%，河北某轮胎制造有限公司保证在收到 300 万调汇费的 3 周内，结清与投资人之间的全部债款，若河北某轮胎制造有限公司违背约定，将再额外向投资人支付总债款的 10% 作为补偿。2017 年 8 月 300 万元调汇费已经集齐，并打入靳某甲指定账户。陈某某因此获得数千元劳务补贴，无其他收入。但是河北某轮胎制造有限公司未能引入外商投资，也未能按照约定对投资人欠款进行偿还。

2017 年 11 月 16 日靳某甲被公安机关查获，2018 年 3 月 4 日靳某乙被公安机关查获，2018 年 5 月 1 日陈某某被公安机关查获。

截至 2018 年 6 月 5 日有 4 名投资人指认通过陈某某的介绍、宣传在筹集 300 万元调汇费的过程中共投资 1.9 万元。截至 2019 年 1 月，通过对投资人向公安机关提交的报案材料进行统计，靳某甲、靳某乙以河北某轮胎制造有限公司的名义向 200 余名投资人吸收资金共计 4000 余万元。经审计，上述投资款主要用于偿还河北某轮胎制造有限公司债务，支付融资成本，向投资人返息和购买生产原料等。

【诉讼过程和结果】

2018 年 5 月 29 日北京市公安局朝阳分局以陈某某涉嫌非法吸收公众存款罪提请北京市朝阳区人民检察院批准逮捕，2018 年 6 月 5 日北京市朝阳区人民检察院因证据不足不批准逮捕。

北京市朝阳区人民检察院于 2019 年 1 月 16 日以被告人靳某甲、靳某乙涉嫌非法吸收公众存款罪向北京市朝阳区人民法院提起公诉。

【主要问题】

1. 在原投资人的封闭范围内再次宣传、吸收资金的行为是否具有社会性？

2. 投资 300 万元调汇费的行为是否具有利诱性？

3. 非法吸收公众存款罪主观方面的认定。

【指导意义】

一、本案不批捕理由

（一）现有证据不能证明陈某某具有犯罪的故意

陈某某系河北某轮胎制造有限公司投资人，在该公司资金链断裂，陈某某等广大投资人无法如期收到利息或本金的时候，由投资人自发组成了债主维权群，因陈某某具有一定投资经验，个人组织、沟通能力较强，时间又相对充裕，成为了该微信群的群主，曾多次组织投资人前往河北某轮胎制造有限公司进行考察，并和其他投资人代表一起与靳某甲商议还款计划。陈某某在主观上认为筹集 300 万元调汇费的行为是解决河北某轮胎制造有限公司向投资人还款的方法，结合当时的客观条件，陈某某等投资人代表均认为筹集调汇费引入外商投资，归还投资人投资款具有可能性和合理性。此外，陈某某除获得了通讯、交通等补助费用外，没有其他劳务费、提成等收入，可以进一步印证其主观上没有帮助靳某甲吸收资金的故意。

（二）陈某某行为的利诱性和社会性存疑

2010 年 12 月 13 日最高人民法院《关于审理非法集资刑事案件具体应用法律若干问题的解释》（以下简称《非法集资解释》）第 1 条规定，"违反国家金融管理法律法规，向社会公众（包括单位和个人）吸收资金的行为，同时具备下列四个条件的，除刑罚另有规定的以外，应当认定为《刑法》第一百六十七条规定的'非法吸收公众存款或变相吸收公众存款'：（一）未经有关部门依法批准或者借用合法经营的形式吸收资金；（二）通过媒体、推荐会、传单、手机短信等途径向社会公开宣传；（三）承诺在一定期限内以货币、实物、股权等方式还本付息或者给付回报；（四）向社会公众即社会不特定对象吸收资金。未向社会公开宣传，在亲友或者单位内部针对特定对象吸收资金的，不属于非法吸收或者变相吸收公众存款。"

根据该司法解释规定，非法吸收公众存款或变相吸收公众存款的利诱性体现在"承诺在一定期限内以货币、实物、股权等方式还本付息或者给付回报"，本案中，靳某甲向投资人承诺300万元调汇费到账后，会在3周之内向投资人归还第一次投资的本金和利息和第二次投资的本金和利息。可见，第二次投资的收益包括两部分，其一是第一次投资的本金和利息，其二是第二次投资的本金和利息。结合在案的投资人报案材料，投资人二次投资的数额从1000元到10000元不等，根据协议内容，相应的利息为600元到6000元不等；投资人一次投资的数额少则几万元，多则几百万元，相应的利息从24%—60%不等。投资人进行二次投资是为了挽回第一次投资的损失，而不是为了获得第二次投资款对应的本金和利息。非法吸收公众存款的利诱性具体指向为"还本付息"，即投资的本金和相应本金产生的收益。结合本案，《刑法》规定的二次投资的利诱性应仅包括二次投资的本金和相应的利息，但此利诱性并非投资人二次出资的实际原因，二次投资本身所反映的利诱性对投资人而言不能产生实际的利诱性。因此，根据现有的证据材料，不能证明陈某某所参与的二次投资行为具有明显的利诱性。

根据该司法解释规定，社会性即社会不特定对象，"不特定"为其本质特征。根据在案证据材料显示，投资300万元调汇费的投资人均为河北某轮胎制造有限公司原债权人，陈某某进行组织、宣传的对象也未超出该范围，具有一定的特定性。司法解释规定"未向社会公开宣传，在亲友或者单位内部针对特定对象吸收资金的，不属于非法吸收或者变相吸收公众存款"。司法解释将在亲友或单位内部的集资行为排除在犯罪行为之外，系因为亲友、单位内部的人员构成是一个相对固定和封闭的范围，基于信任和了解投资款的使用情况而使投资的风险可以得到控制，而且即使投资产生一定风险亦不会波及社会不特定人群，缺乏社会危险性。本案中，投资人组成的债主微信群系基于第一次投资行为而形成的具有共同利益关系的、固定的、封闭的人群，不具有明显的社会性。

（三）陈某某参与筹集调汇费的数额存疑

《非法集资解释》第 3 条规定，非法吸收或者变相吸收公众存款，具有下列情形之一的，应当依法追究刑事责任："（一）个人非法吸收或者变相吸收公众存款，数额在 20 万元以上的，单位非法吸收或者变相吸收公众存款，数额在 100 万元以上的；（二）个人非法吸收或者变相吸收公众存款对象 30 人以上的，单位非法吸收或者变相吸收公众存款对象 150 人以上的；（三）个人非法吸收或者变相吸收公众存款，给存款人造成直接经济损失数额在 10 万元以上的，单位非法吸收或者变相吸收公众存款，给存款人造成直接经济损失在 50 万元以上的；（四）造成恶劣社会影响或者其他严重后果的。"在陈某某案批捕阶段公安机关移送的指认经陈某某介绍投资 300 万元调汇费的报案材料为 4 人 1.9 万元，因陈某某仅仅参与筹集调汇费的行为，一次投资的经济损失亦不能计算到二次投资的经济损失之中，因此陈某某的行为暂不满足上述刑事追诉标准。但也不能够排除公安机关尚存有一部分未及时移送的报案材料，或者案件审查批捕后又有投资人集中报案的可能性，因此在吸收资金数额上作出存疑处理，更有利于案件的下一步处理。

（四）案件办理效果

靳某甲等人以河北某轮胎制造有限公司名义非法集资的案件自案发以来一直存在一定的信访压力，因陈某某的行为使投资人在已经损失第一次投资本金的情况下再次遭到经济损失，投资人在感情上难以接受，故要求以非法吸收公众存款罪处理陈某某。北京市朝阳区人民检察院在依法作出证据不足不批准逮捕的决定后，对于投资人诉求进行耐心、细致的释法说理工作，使投资人在感情上、道理上和法理上均能够理解不批准逮捕的缘由，化解了信访危机，实现了法律效果和社会效果的双统一。

二、非法吸收公众存款罪的办理难点

（一）保护社会公众投资者利益的必要性

非法吸收公众存款罪的犯罪对象是"公众存款"，本罪的犯罪客体是单一的，即金融秩序。保护金融秩序也就是在于保护公众投资者的利益，原因在于：一是不同于专业投资者，社会公众欠缺投资知识，缺乏投资理性；二是不同于合法融资，非法集资活动信息不对称，社会公众缺乏投资所需的真实而必要的信息；三是社会公众抗风险能力较弱，往往难以承受集资款无法返还的损失风险，且牵涉人数众多，易引发社会问题。①

（二）"社会性"概念具有一定的相对性

公众投资者体现了非法集资活动面向对象的社会性，关于社会性，即"向社会不特定对象吸收资金"，是指非法集资行为并非具有明确的针对性，无论从何处筹集到资金都符合集资人的意愿。在刑法学界，学者大都将"公众"一词理解为不特定的多数人。所谓"不特定"，是指犯罪行为不是针对某一个、某几个特定的人或者某项特定具体的财产，其侵害的对象和造成的危害结果常常是事前无法确定的，具有相当的严重性和广泛性，行为人对此既难以预料，又难以控制。"不特定"是一种客观判断，不依行为人主观上有无确定的侵犯对象为转移。②可是人群范围的特定或不特定，是相对而言的。事实上，将具有某一共同特征或利益的群体与社会公众区分开来的划分标准可有无数种，如某单位称只吸收其所在城市属龙的 23 岁至 32 岁之间男性且单身公民的活期存款。在任一特定时间，某一城市属龙的 23 岁至 32 岁之间男性且单身公民都是特定范围的人群，如果将"公众的不特定性特征作为本罪的必要构成要素。即如果向特定的对象吸收存款，即使人数众多，也不能认定为本罪的话，则上述该单位就不构成向公众吸收存款。③可是这个结论恐怕没人能接受。然而实践中的确有这样的判决。在赵典飞案中，浙江省苍南县龙港镇池浦村村委会以预收宅基地街道设施费名义，向本村村民收取集资费用于村集体建设，并规定池浦村 23 周岁以上男性村民均可认领一份，每份人民币 1 万元。在被告人赵典飞等村委会委员的组织下，向全村所有符合条件的 438 人收取集资费共计人民币 438 万元。法院认为："所谓非法吸收公众存款罪，其客观方面表现为行为人实施了向不特定的群体吸收存款的行

---

① 刘为波：《非法吸收公众存款与内部集资的区分》，载《中国审判新闻月刊》2011 年第 65 期。

② 曲新久等：《刑法学》，中国政法大学出版社 2004 年版，第 175 页。

③ 郭俊超：《非法集资犯罪若干问题研究》，复旦大学 2011 年硕士学位论文。

为。本案被告单位苍南县龙港镇池浦村村民委员会在村民的要求下，以预收街道设施费的名义向本村 23 周岁以上男性村民收取集资费，其集资对象是特定的，此行为的客观要件与非法吸收公众存款罪的客观要件不符，故被告单位的行为不构成非法吸收公众存款罪，被告人赵典飞、彭传象的行为亦不构成犯罪。"① 所以，人群的特定与不特定只是相对的，例如美国联邦最高法院在著名的 Ralston Purina 案中所说的那样："'公开'意指一般大众，与共同具有某些利益或者特征的个人群体不同。不过，从实践角度来看，这种区分意义不大，很明显，向所有红头发的人、向芝加哥或者旧金山的所有居民、向通用汽车公司或者美国电报电话公司的所有现存股东发出证券要约，其'公共性'，就这个词的任何现实意义来说，并不比不受限制地向全世界发出要约要少。这种要约虽然并非任何人都可以自由接受，但从性质上来说完全具有'公共性'，因为用来挑选特定受要约人的方法与挑选的目的之间并无合理的关联……"尽管美国最高法院的这段话是用来说明如何界定证券公开发行的，与界定公众存款无关，但其隐含的含义是相同的，即以人群范围是否确定作为界定"公众"的因素，必须看其划分标准与保护公众利益的立法目标之间是否有关联。②

从该罪的法益来看，立法是为了保护国家金融秩序，而一国的金融秩序在确定的、可控的小范围内是不可能被侵害的，而只有当一定范围内的具有"社会性"的多数人或单位被涉及时，才可能会危及国家的金融秩序。因此，若将本罪中的"公众"界定为不特定的多数人，则意味着特定的多数人不属于"公众"；若将其界定为不特定的人，也无法将特定的多数人包括。所以，"'不特定'说明人员的延散性、不可控性和可波及范围的广泛性，但在人数多且特定的情况下，如果否定其公众特征可能会不适当地排除对某些具有实

---

① 参见浙江省苍南县龙港镇池浦村村民委员会非法吸收公众存款案的判决书，（2000）苍刑初字第 492 号，北大法意实证数据库，www.lawyee.net。

② 彭冰：《非法集资活动的刑法规制》，载《清华法学》2009 年第 3 期。

质违法性行为的处罚"。[1] 可见，"不特定其实质在于向公众的随时扩散性"，[2] 是开放的，有一种来者不拒的意思。所以，本罪中的"公众"，首先，应当强调其"社会性"，重视量的"多数"。其次，针对类似上述例子中的特定的多数人（但事先无法确定人数），该范围人数有向更多数人方向扩展之现实可能性。简言之，"公众"可界定为具有社会性，或特定的但具有随时向社会性发展的可能的多数人。在本案陈某某募集调汇费的过程中，其实际宣传的对象仅仅是原投资人，并且根据协议内容几乎不存在向其他人募集资金的可能性。若陈某某在此过程中向债权人以外的不特定人员进行宣传并募集资金亦超出调汇费的范畴，应按照一般承诺保本返息的投资另行单独计算集资数额。笔者认为，原投资债权人微信群人数虽然为百人左右，但是不能仅仅以人数作为认定"社会性"的单一因素，刑法亦无法作出规定明确向多少人募集资金就具有社会性，应根据案件实际情况综合判断行为对象是否具有社会性，例如是否会涉及不特定人群，宣传或募资的对象范围是不是不可控，是否会波及广大社会投资者利益等，显然本案中募集 300 万元调汇费的对象不会超过原投资人范围，不存在不特定性和不可控性，尤其陈某某作为该群体中的一员，其行为更加缺乏社会性。但是对于主犯靳某甲而言，第一次非法集资和第二次募集 300 万元调汇费的行为均是出于同一个概括的犯罪故意，因此募集调汇费的行为便具备了社会性，靳某甲应对该 300 万元承担刑事责任。

（三）内部集资问题的认定

《非法集资司法解释》第 1 条第 2 款："未向社会公开宣传，在亲友或者单位内部针对特定对象吸收资金的，不属于非法吸收或者变相吸收公众存款。"将非法吸收公众存款与内部集资做了明确区分，一方面排除了内部集资的刑事违法性，另一方面也体现了内部集资行为具有一定的存在空间和积极意义。首先，我国的融资活动并未完全地市场化、社会化，民间存在融资难的现象，制约了民营经济的健康发展，民间融资有其现实土壤，不可完全禁

---

[1] 谢望原、张开骏：《非法吸收公众存款罪疑难问题研究》，载《法学评论》2011 年第 6 期。

[2] 胡东飞：《论刑法意义上的"公共安全"》，载《中国刑事法杂志》2007 年第 2 期。

止。其次，内部集资中的投资人对于投资信息和投资风险有较为充分的了解，信息不对称的可能性较小，此外内部投资人也能够对投资风险有较为客观的预判和风险承受能力。再次，通过内部集资的方法解决民营经济的资金问题，在能够保障企业正常经营的同时，保障内部职工利益，达到双赢目的。

在本案中，陈某某向原债权人宣传调汇费事宜，在此陈某某深信调汇费一事的真实性，若此事确实客观存在，河北某轮胎制造有限公司一旦集齐300万元调汇费便可引入2.5亿元的投资款，可以使工厂进一步扩大生产，获得更高额的利润，同时投资人的投资款亦能得到保障，有效化解了社会矛盾。在合法、合规的融资市场中以河北某轮胎制造有限公司目前的经营及资金状况，几乎不可能在短时间内筹集到调汇费，河北某轮胎制造有限公司的经营和投资人的债权只能就此僵持，故不波及社会公众的、固定范围内的民间集资具有其存在的价值。

1. 对于"亲友"的理解。《非法集资解释》将内部集资分为亲友之间的融资和单位内部的集资。解释对亲友的内涵及外延没有明确规定，在司法实践中较难掌握，在非法集资案件中通过短信、电话、传单等传统公开形式进行宣传的案例越来越少，转而以"口口相传"为主要方式，以至于投资人多是通过自己的亲属、朋友、同学宣传而获得的投资信息，同时非法集资者也是利用了熟人间的信任关系，因此若将"亲友"的范围进行延伸，便使得上述大部分"口口相传"的非法集资行为不作为犯罪处理，不利于打击犯罪。笔者认为，在司法实践中应将"亲友"的范围根据民法中近亲属的范围予以确定，即配偶、父母、子女、同胞兄弟姐妹；鉴于婚姻存续期间，个人财产与夫妻共同财产难以剥离，应将配偶的父母、同胞兄弟姐妹亦视为"亲友"。

2. 同时向特定亲友及社会公众集资行为的认定。若集资人出于一个犯意支配下既向亲友募集又向社会公众募集资金时，应根据主客观相一致原则进行认定，对向亲友募集的资金不从总犯罪数额中予以扣除，此逻辑关系为：首先，刑法将不特定对象作为非法集资的认定要素，因为集资人行为针对的这些亲友具有一定的封闭性，集资人数较为有限，社会危害性较小，从定罪层面应该从严把握，不宜将一些有分歧的特定对象纳入犯罪的人数标准。其次，由于资金者的行为已经扩大到社会上，又将封闭的范围扩大到开放的范围，国家金融秩序所承受的是全部犯罪数额所带来的冲击，犯罪数额不涉及定罪仅仅涉及量刑时，可以酌情予以考虑。再次，如果集资人把集资范围由特定对象扩大到不特定对象，那么集资人还本付息的能力就会明显下降，这总风险应当由全部投资人共同承担，无论是特定对象还是不特定对象，投资款都面临着同样的风险，基于此将对特定对象的集资数额全部计算入集资总数额便于刑法进行统一的规制和保护。集资者一旦将封闭的投资人范围扩大到开放的不特定对象，势必造成更多的不确定性，将所有的集资款纳入非法集资的总数额并无不妥。同时 2019 年 1 月 30 日颁发的最高人民法院、最高人民检察院、公安部《关于办理非法集资刑事案件若干问题的意见》第 5 条规定，向社会公开宣传，同时向不特定对象、亲友或者单位内部人员吸收资金的，向亲友或者单位内部人员吸收的资金应当与向不特定对象吸收的资金一并计入犯罪数额。

3. "单位内部"集资资金实际使用情况的认定。用于单位生产经营活动是单位内部集资不作为非法集资处理的一个重要前提，取之于单位职工，用之于单位，是此类集资行为得以正当化、合理化的重要依据：一是单位和职工利益相关；二是较社会集资其风险更具有可控性。[①] 一旦资金不用于单位的生产经营，例如某单位以自己名义向内部职工募集资金，后又将该资金转借其他单位用于赚取利差，单位便对资金失去了控制权，从而无法掌控资金的风险，失去了正当化和合理化特征，因此应按照非法集资犯罪处理。

三、非法集资案件非核心人员的处理问题

（一）处理原则

2014 年 3 月 25 日最高人民法院、最高人民检察院、公安部《关于办理非法集资刑事案件适用法律若干问题的意见》第 4 条规定，"为他人向社会公众非法吸收资金提供帮助，从中收取代理费、好处费、返点费、佣金、提成

---

① 刘为波：《非法吸收公众存款与内部集资的区分》，载《中国审判新闻月刊》2011 年第 65 期。

等费用，构成非法集资共同犯罪的，应当依法追究刑事责任。能够及时退缴上述费用的，可依法从轻处罚；其中情节轻微的，可以免除处罚；情节显著轻微、危害不大的，不作为犯罪处理。"2019年1月30日最高人民法院、最高人民检察院、公安部《关于办理非法集资刑事案件若干问题的意见》规定，"对于涉案人员积极配合调查、主动退赃退赔、真诚认罪悔罪的，可以依法从轻处罚；其中情节轻微的，可以免除处罚；情节显著轻微，危害不大的，不作为犯罪处理。"因此对于共同犯罪中发挥作用较小的犯罪嫌疑人，在认罪认罚的前提下，本着宽严相济的刑事政策，可以从轻、减轻处罚，甚至不作为犯罪处理。

（二）司法实践中的处理难点

司法实践中对非法集资犯罪中发挥辅助作用的嫌疑人从轻处罚存在以下问题：一是对于销售层级多的非法集资公司，存在底层业务员不认罪，或家属没有退赔能力，而其上级在认罪认罚的情况下从轻处罚，因此就个案来说将会出现刑罚不均衡的现象。二是有的非法集资案件涉案金额数十亿元，犯罪数额上千万元的业务人员也可能会因为认罪认罚而从轻处罚；有的非法集资案件涉案金额两三千万元，犯罪数额一百余万元的业务员因无法推进认罪认罚工作而被判处实刑，因此就不同案件之间将会出现处理标准明显不统一的现象。三是在非法集资案件的批捕阶段，投资人报案材料和嫌疑人供述的违法所得系认罪认罚工作的重点考量因素，存在因认罪认罚对嫌疑人作出无逮捕必要不批准逮捕的决定后投资人大量报案，嫌疑人犯罪数额因此激增的情况，对社会具有潜在的社会危害性，甚至将影响案件的下一步办理。

（三）对非核心人员处理的其他考量因素

除了前文提到了认罪认罚之外，在司法实践中亦会对下列因素进行综合考量，包括：一是犯罪嫌疑人是否在其他非法集资公司有过工作经历，若还有相关从业经历可认定该嫌疑人主观恶性较大，具有相对严重的社会危害性。二是根据涉案公司的经营模式判定嫌疑人的社会危害性，例如有些非法集资公司的集资款与生产经营不成比例，资金主要用于借新还旧或作为融资成本；具体实施集资行为过程中存在一定欺骗的因素。三是业务人员提成畸高，违背市场规律，例如本文案例中销售人员的提成高达40%，相比之下一些经营相对正规的涉案公司销售人员提成为千分之一，因此提成越高社会危害性越大。四是对于从事非业务工作的行政、技术人员，应考虑任职期间，对公司经营模式、资金去向的主观明知程度和其行为对集资行为产生作用的大小等因素。

（北京市朝阳区人民检察院第二检察部　何楚仪）

单位犯罪中合法业务与非法业务经营行为的认定

——沙某某、于某某等非法吸收公众存款案

【关键词】

单位犯罪　刑民交叉　经营行为

【基本案情】

经审查认定：

2015年5月至2017年8月，被不起诉人沙某某、于某某伙同夏某某（在逃）、王某某、肖某甲、郑某某等人，在北京市朝阳区京广中心内设某甲中心、某乙中心等地，以北京某旅行社有限公司和北京某投资管理有限公司两个公司的名义，以购买公司旅游套餐产品和某权证理财产品可以获得高额收益为由，通过口口相传、发送传单、举办酒会等多种形式进行宣传，与余某某等160余名投资人签订《旅游宝》《某某一期建设》等项目，年投资回报率在8%—12%不等，并承诺固定期限回报，并在合同中明确约定收益数额，经审计统计，非法吸收公众存款人民币3916余万元，但该公司仅向天津大港某项目投资150万元。另外，2015年12月至2017年8月，该公司以购买公司低价旅游产品需要交纳保证金、滞纳金为由，与杨某某等人签订《出境旅游合同》，因公司实际控制人夏某某失去联系从而导致大量保证金、滞纳金、团费等无法退还。

北京某旅行社有限公司，注册地北京市延庆区，2012年2月成立，法定代表人徐某某，经营范围包括国内旅游业务；入境旅游业务；出境旅游业务等。北京某投资管理有限公司，注册地北京市通州区，2014年10月成立，法定代表人夏某某，经营范围包括投资管理；投资咨询；资产管理；项目投资；未经有关部门批准，不得以公开方式募集资金等。二公司内部组织架构为：北京某旅行社有限公司、北京某投资管理有限公司属于两个牌子同一套人员编制，同一个办公地点，实际负责人均为夏某某，副总裁为杨某某，运营中心主管为宋某某和于某某；某甲中心职场负责人为肖某甲（也叫肖某乙），某乙中心负责人为杨某某、杜某某，某丙中心职场负责人为郑某某，财务总监为王某某。

该公司主要项目归纳如下：

第一，旅游类产品。该类产品包括3种类型：（1）正常的交费出游形式；（2）缴纳明显低于市场价格团费，同时给公司交一笔"体验金"，实际就是旅游押金，一般每人收1万元至5万元不等，保证金约定缴纳后50个工作日后退还；（3）签订旅游套餐回购协议形式，例如交付7.9万元，12个月以后回购金额为8.5万元，并且未真实出游，但是对购买大额套餐的客人会赠送免费旅游。

第二，理财类产品。该类产品包括3个项目：（1）天津大港某某项目，即投资南大某项目建设，以图最终取得该项目使用权以及转让权，作为投资的保障；（2）旅游宝、旅游宝1号、旅游宝2号项目，承诺收益率为10%—12%；（3）该旅行社公司某航空运输投资发展基金合同，承诺收益率为8%。

【诉讼过程和结果】

2017年9月27日，被不起诉人沙某某、于某某因涉嫌非法吸收公众存款罪被北京市公安局朝阳分局刑事拘留，同年11月2日被北京市公安局朝阳分局取保候审，2018年5月7日被北京市朝阳区人民检察院取保候审。

本案由北京市公安局朝阳分局侦查终结，以被不起诉人沙某某、于某某涉嫌合同诈骗罪，于2018年2月26日向北京市朝阳区人民检察院移送审查起诉，北京市朝阳区人民检察院受理后报送北京市人民检察院第三分院，北京市人民检察院第三分院经审查以被不起诉人沙某某涉嫌非法吸收公众存款罪指定朝阳区人民检察院审查起诉。2018 年 9 月 21 日北京市朝阳区人民检察院对沙某某、于某某作存疑不起诉处理。2018 年 9 月 25 日北京市朝阳区人民检察院以被告人王某某、肖某某、郑某某犯非法吸收公众存款罪向北京市朝阳区人民法院提起公诉。

【主要问题】

1. 单位犯罪中合法经营业务与非法经营业务行为的认定。

2. 涉及民刑交叉的非法集资犯罪的认定问题。

【指导意义】

一、本案存疑不起诉理由

（一）沙某某、于某某等人非法吸收公众存款案的性质认定

1. 难以认定构成集资诈骗罪和合同诈骗罪

公安机关以沙某某、于某某、肖某某、王某某、郑某某等人涉嫌集资诈骗罪、合同诈骗罪向朝阳区人民检察院移送审查起诉，在定性上，本案是非法吸收公众存款罪还是集资诈骗等金融诈骗犯罪，关键在于沙某某、于某某等人是否使用了诈骗手段，且主观上具有非法占有的目的。综合现有在案证据，承办人认为认定沙某某、于某某、肖某某、王某某、郑某某等人集资诈骗罪、合同诈骗罪的证据不足。该案现有证据仅能证实在案沙某某、于某某、肖某某、王某某、郑某某等人在夏某某（在逃）的指示下参与了公司旅游、理财等公司业务，没有证据证实在案沙某某、于某某、肖某某、王某某、郑某某等人具有非法占有客户旅游押金或理财款的主观故意。且在案沙某某、于某某、肖某某、王某某、郑某某等人均非公司实际控制人、决策人，客观上无法支配公司资金，主观上也不具有非法占有之故意。因此，认定在案沙某某、于某某、肖某某、王某某、郑某某等人犯合同诈骗罪、集资诈骗罪的事实均不成立。

2.应构成非法吸收公众存款罪

根据在案的证据以及事实，承办人认为，本案构成非法吸收公众存款罪，具体理由如下：

第一，涉案北京某旅行社有限公司、北京某投资管理公司并非法律授权的金融机构，不具备吸收公众存款职能，未经过有关部门批准，以"委托理财""私募基金"为名义实施变相吸收公众存款的行为，具有非法性。

第二，在案有投资人报案材料、证人证言证实，夏某某通过北京某旅行社有限公司以及其设立的各渠道点，通过发放传单、口口相传等形式，向社会公开宣传其名下的投资项目，具有公开性。

第三，目前在案投资人人数众多，从已报案的投资人提交的证言以及报案材料能够证实，投资人在进行投资时系通过公开渠道获得，对投资对象并未提出特定的要求，证明了投资对象的不特定性，具有社会性。

第四，大部分投资人提供的证言能够证明业务员在向其宣传投资项目时均承诺高额返利，并且承诺项目到期后返本付息，各项目均与投资者签订相关投资协议书，明确高额收益率8%—12%，另外出具担保函，大力宣传该项目的安全性，极大地增强了投资者的投资信心，故涉案项目具有极大的利诱性。

综上，涉案北京某旅行社有限公司以及其实际控制人夏某某的行为符合《关于审理非法集资刑事案件具体应用法律若干问题的解释》第1条规定的非法吸收公众存款行为的4个特征。

本案中犯罪分子采取的是以委托理财成立基金项目，并向特定项目进行投资的方式非法吸收资金，符合《关于审理非法集资刑事案件具体应用法律若干问题的解释》第2条第（九）项"以委托理财的方式非法吸收资金的"及第（六）项"不具有募集基金的真实内容，以假借境外基金、发售虚构基金等方式非法吸收资金的"所规定的模式。

北京某旅行社有限公司作为取得正规旅游行业准入执照的公司，自成立以来一直开展正规旅游项目，从在案材料中存在的一千余份无押金旅游项目合同，收到六百余人七百余万元款项亦可证明这一点，且无押金旅游合同时间段覆盖了整个犯罪过程时间段，即该旅行社公司同时开展了合法以及非法的活动，相互交织。

综上所述，北京某旅行社有限公司违反国家金融管理法律规定，变相吸收公众存款，扰乱金融秩序，数额巨大，其行为均触犯了《刑法》第176条第1、2款，第31条，犯罪事实清楚，证据确实、充分，应当以非法吸收公众存款罪追究刑事责任。

3. 沙某某、于某某不起诉理由

根据在案证据，被不起诉人沙某某、于某某二人分别担任运营中心的主管以及副主管，负责旅游线路的采购以及发布等，对于该二人的行为是否构成犯罪存在两种不同的意见：

第一种意见认为，虽然沙某某、于某某并未直接参与公司销售理财基金，但对于北京某旅行社有限公司的基本运营模式应当明知，该二人为吸引投资以及合同的部分履行提供了帮助，该二人作为北京某旅行社有限公司的高层对公司的非法吸收公众存款的活动存在参与的故意，构成非法吸收公众存款罪，但鉴于其所参与的采买行为仅仅占全案数额的小部分，旅游线路的提供行为在部分项目中所起作用较为轻微，结合沙某某、于某某二人已退赔违法所得，建议对沙某某、于某某作相对不起诉处理。

第二种意见认为，沙某某、于某某二人作为北京某旅行社有限公司运营中心主管、副主管，主要负责旅游线路的采购以及发布等事宜，没有证据证明运营中心参与设计了与理财有关的产品。鉴于该旅行社有限公司系正价旅游产品与理财、保证金产品一并销售的经营模式，且均有真实的旅游出游，因此不能排除运营中心主要负责旅游线路等采购事宜。另外，没有证据证实沙某某、于某某基于监事的身份履行该旅行社有限公司管理事宜，故认定沙某某、于某某参与非法吸收公众存款的证据不足，建议作存疑不起诉处理。

综合在案证据，承办人同意第二种意见，理由如下：

本案系单位犯罪，北京某旅行社有限公司在从事犯罪活动期间仍然一直开展合法的旅游项目，存在非法业务经营行为的同时也存在合法业务经营行为，沙某某、于某某二人作为北京某旅行社有限公司运营中心的主管、副主管，参与购买旅游产品的行为属于正常的职务行为，该旅行社有限公司自成立以来共计开展不同类别的项目 7 大类，其中沙某某、于某某二人参与负责采买旅游产品的行为与无押金旅游合同、有押金低价旅游合同两类项目密切相关，但上述两大类旅游项目因旅游公司主犯夏某某尚未到案，所以无法证实钱款的去向，并且有押金的低价旅游合同缺少证实其低价的物证、书证等相关证据材料，故无法将无押金旅游合同和有押金低价旅游合同这两大类旅游项目认定为非法吸收公众存款犯罪的范畴。

另外，旅游套餐回购合同类项目虽然以出游合同形式签订，但该类合同中并未约定具体的旅游线路，其本质是约定了返还本息的理财合同，系披着旅游合同外衣的投资理财类合同。虽然该类合同会附赠免费旅游线路，但因沙某某、于某某二人仅仅负责采买旅游线路，不负责销售以及产品设计等，现有证据无法证明沙某某、于某某二人能够区分其所采买的旅游线路用于合法或者非法业务。与此同时，该旅游公司并非持特定的既有的旅游线路去融资宣传，而是赠送免费的旅游线路，运营中心负责落实旅游行为，此时融资行为已经完成，而且这种旅游线路并非仅仅针对投资者而言的，也针对其他未投资的顾客，因此沙某某、于某某二人在融资宣传环节是否参与的证据不足。在单位犯罪中，参与单位合法开展业务的部分不构成共同犯罪，对该旅游公司而言，公司有真实的旅游产品，沙某某、于某某二人负责的是真实的旅游部分，该二人对于所提供的旅游产品是合法的还是非法的难以区分，本着刑法中存疑有利于被告的原则，应当对该二人作存疑不起诉处理。

（二）案件办理效果

本案中，涉案单位存在多种类型的旅游项目，且合法经营行为与非法经营行为相互交织，经过承办人深入剖析行为实质，并据此判断其性质，根据犯罪嫌疑人在犯罪活动中的地位作用、涉案数额、危害结果、主观过错等主客观情节，综合判断责任轻重及刑事追诉的必要性，做到罪责适应、罚当其罪。在案件审查过程中，从该旅游公司的全局的角度审查案件证据，针对金融犯罪跨地域、覆盖面广的特点，着重审查涉案公司的实际情况，准确区分罪与非罪、罪轻与罪重、对涉案的犯罪嫌疑人依照其实际参与程度进行准确界定。努力实现司法办案的法律效果、社会效果、政治效果有机统一。

二、刑民交叉的非法集资犯罪的认定问题

最高人民法院《关于审理非法集资刑事案件具体应用法律若干问题的解释》第 2 条列举了房产销售、转让林权、代种植（养殖）、销售商品、募集基金、销售保险、投资入股、委托理财、民间"会""社"等为名义事实的非法集资形式，在司法实践中，大量非法集资类案件都涉及民事法律关系问题，产生刑民交叉问题。刑民交叉类案件指的是在一个案件中既涉及民事法律关系，又涉及刑事法律关系，二者之间相互交织、互相影响的案件。在处理非法集资犯罪时不可避免的要厘清案件中存在的刑事法律关系与民事法律关系，对案件认定类型、认定程序、处理原则等问题作出清晰的论证，对案件中的难点问题进行探讨和分析，慎审使用非法吸收公众罪，依法惩治犯罪，切实维护社会经济秩序，促进社会稳定。

（一）刑民交叉的非法集资犯罪的数额认定问题

犯罪数额是犯罪行为所侵犯的物质、价值形式，其本质在于犯罪数额是犯罪行为社会危害性及其大小的重要外部表现形式，它是犯罪行为客观方面的内容，是犯罪对社会关系侵害的最有力的见证。[①] 在财产性犯罪中，数额是体现社会危害性的最主要指标，数额的实质作为一种造成的客观结果，犯罪的成立要求最低达到这种客观结果，即达到数额要求。刑法和民法作为法律体系的重要组成部分，但在数额认定问题上因侧重点不同则会产生不同的衡量方式。

通常情况下，我们认为非法集资犯罪总额的计算依据可以归纳为以下 6 点：（1）为实施犯罪所支出的费用，行为人为了实施非法集资产生的一系列投入；（2）进行投资所支付的费用，行为人为了实现利益的最大化，同时向新旧投资人展示自己所谓单位运营"合法化""规范化"的外观，会将一部分资金用于生产经营的投资；（3）案发前已经向投资人所返还的本息，对于投资人在付完原本息后又再次借款给行为人，原来支付的利息是否从新集资款的本金数额中扣除；（4）一定时期内，行为人向同一投资人吸收的进行非法集资的不

---

① 参见王凤磊：《金融犯罪研究》，中国检察出版社 2008 年版，第 40 页。

同周期的集资资金应当累计计算；（5）案发后，司法机关追缴的赃款与此时行为人返还给投资人的资金数额不能予以扣除；（6）案发前行为人已经挥霍，司法无法追回的资金应当计算在行为人非法集资的犯罪数额中。

以本案为例，该旅行社有限公司主要的旅游类项目有以下几种：

（1）正常旅游类项目，即缴纳旅行费用出游形式，此种情况产生的问题属于正常的合同纠纷，应通过民事诉讼解决。

（2）明显低于市场价格的旅游类项目，即缴纳一定明显低于市场价格的团费，同时向该旅行社有限公司缴纳一笔1万元至5万元不等的名为体验金实为旅游押金的费用，此项费用在约定缴纳后50个工作日后退还。此种情况产生的问题是否属于刑事案件范畴，是否应当认定为非法吸收公众存款罪，有两种不同意见：

第一种意见认为，该类行为构成非法吸收公众存款罪，因为这种低价旅游低于公司购买旅游线路所花费的费用，公司需要使用客户保证金支付差价，导致公司资金不断增大，属于典型的以后面钱款弥补前面钱款损失的行为，而其返利即为低价旅游与市场价格之间的差价。

第二种意见认为，该类行为不构成非法吸收公众存款罪。我们亦同意此种观点。主要理由有三点：第一，根据北京市旅游委自2017年11月8日发布的《全面禁止旅行社吸取出境押金的通知》，此前仅为口头禁止，因此该旅行社有限公司收取押金的行为并未违反法律规定；第二，该旅行社有限公司存续期间开展正常的旅游活动，即使低价旅游存在亏损的情况，其亏损的钱款亦存在通过正常旅游活动进行弥补的可能性，本着有利于被告人的原则，将有押金的低价旅游活动作为商业经营模式较为适宜；第三，目前各旅行社对同一旅游线路的标价不一，故调取同期正常出游价格存在困难，因此无法计算低价旅游之间的差价，亦无法计算"返利"的具体数额。综上所述，认定该类行为为非法吸收公众存款的行为存在理论与实践中的困难，故暂不予将该类行为产生的具体数额纳入非法吸收公众存款的数额内更为适宜。

（3）旅游套餐类项目，即签订旅游套餐回购协议，并未真实出游，但对购买大额套餐的客人会赠送免费旅游。此种情况产生的问题即为该旅行社有限公司承诺高额收益，非法吸收公众资金的行为，应当纳入非法吸收公众存款的数额之中。

（二）刑民交叉的非法集资犯罪的处理方式

面对刑民交叉的非法集资犯罪时，首先我们应当正确区分涉案单位的实际情况，剖析涉案单位从事的业务内容、业务范畴，以及在开展违法犯罪活动过程中实际经营模式等情况，根据业务性质区分涉案单位的合法经营行为与非法经营行为，对涉嫌非法集资犯罪部分依法交由《刑法》处理，对合法经营行为造成的损失依法交由民事法律处置。

依据"两高一部"2014年3月25日发布的《关于办理非法集资刑事案件适用法律若干问题的意见》第7条关于涉及民事案件的处理问题的规定，对于公安机关、人民检察院、人民法院正在侦查、起诉、审理的非法集资刑事案件，有关单位或者个人就同一事实向人民法院提起民事诉讼或者申请执行涉案财物的，人民法院应当不予受理，并将有关材料移送公安机关或者检察机关。人民法院在审理民事案件或者执行过程中，发现有非法集资犯罪嫌疑的，应当裁定驳回起诉或者中止执行，并及时将有关材料移送公安机关或者检察机关。公安机关、人民检察院、人民法院在侦查、起诉、审理非法集资刑事案件中，发现与人民法院正在审理的民事案件属同一事实，或者被申请执行的财物属于涉案财物的，应当及时通报相关人民法院。人民法院经审查认为确属涉嫌犯罪的，依照前款规定处理。上述规定倾向于先刑后民处置思路；随后，最高人民法院发布的《关于审理民间借贷案件适用法律若干问题的规定》第5条规定，人民法院立案后，发现民间借贷行为本身涉嫌非法集资犯罪的，应当裁定驳回起诉，并将涉嫌非法集资犯罪的线索、材料移送公安或者检察机关。公安或者检察机关不予立案，或者立案侦查后撤销案件，或者检察机关作出不起诉决定，或者经人民法院生效判决认定不构成非法集资罪，当事人又以同一事实向人民法院提起诉讼的，人民法院应予受理。第6条规定人民法院立案后，发现与民间借贷纠纷案件虽有关联但不是同一事实的涉嫌非法集资等犯罪的线索、材料的，人民法院应当继续审理民间借贷纠纷案件，并将涉嫌非法集资等犯罪的线索、材料移送公安或者检察机关。

从上述规定可以看出，在非法集资犯罪中，涉及刑民交叉问题时应当审慎处置。从规定的发布来看，此类问题的处理从先刑后民为原则正逐步向刑民并行靠拢，此种处理路径是具有正当性和合理性的。刑法应当保持其谦抑性和司法最后一道防线的作用，在穷尽一切可能的方式手段之后再使用刑法手段调整，因此，在处理刑民交叉的非法集资犯罪时也应当秉承这一原则。刑民交叉的非法集资犯罪的处理上，虽然目前仍以秉承刑事程序优先于民事程序的思维，但是我们也应当确认的是刑事程序的推进不能完全覆盖、统筹统办民事程序的职能。因此，在处理此类犯罪时，应当严格把握证据标准，从案件全局着手，分析案件实质，妥善处理刑民交叉问题，化解社会矛盾，稳定社会秩序。

【相关法律规定】

一、中华人民共和国刑法

第三十条 公司、企业、事业单位、机关、团体实施的危害社会的行为，法律规定为单位犯罪的，应当负刑事责任。

第三十一条 单位犯罪的，对单位判处罚金，并对其直接负责的主管人员和其他直接责任人员判处刑罚。本法分则和其他法律另有规定的，依照规定。

第一百七十六条 非法吸收公众存款或者变相吸收公众存款，扰乱金融秩序的，处三年以下有期徒刑或者拘役，并处或者单处二万元以上二十万元以下罚金；数额巨大或者有其他严重情节的，处三年以上十年以下有期徒刑，并处五万元以上五十万元以下罚金。

单位犯前款罪的，对单位判处罚金，并对其直接负责的主管人员和其他直接责任人员，依照前款的规定处罚。

二、最高人民法院《关于审理非法集资刑事案件具体应用法律若干问题的解释》（2011年1月4日起施行）

第一条 违反国家金融管理法律规定，向社会公众（包括单位和个人）吸收资金的行为，同时具备下列四个条件的，除刑法另有规定的以外，应当认定为刑法第一百七十六条规定的"非法吸收公众存款或者变相吸收公众存款"：

（一）未经有关部门依法批准或者借用合法经营的形式吸收资金；

（二）通过媒体、推介会、传单、手机短信等途径向社会公开宣传；

（三）承诺在一定期限内以货币、实物、股权等方式还本付息或者给付回报；

（四）向社会公众即社会不特定对象吸收资金。

未向社会公开宣传，在亲友或者单位内部针对特定对象吸收资金的，不属于非法吸收或者变相吸收公众存款。

第二条 实施下列行为之一，符合本解释第一条第一款规定的条件的，应当依照刑法第一百七十六条的规定，以非法吸收公众存款罪定罪处罚：

......

（六）不具有募集基金的真实内容，以假借境外基金、发售虚构基金等方式非法吸收资金的；

......

（九）以委托理财的方式非法吸收资金的；

......

第三条 非法吸收或者变相吸收公众存款，具有下列情形之一的，应当依法追究刑事责任：

（一）个人非法吸收或者变相吸收公众存款，数额在20万元以上的，单位非法吸收或者变相吸收公众存款，数额在100万元以上的；

（二）个人非法吸收或者变相吸收公众存款对象30人以上的，单位非法吸收或者变相吸收公众存款对象150人以上的；

具有下列情形之一的，属于刑法第一百七十六条规定的"数额巨大或者有其他严重情节"：

（一）个人非法吸收或者变相吸收公众存款，数额在 100 万元以上的，单位非法吸收或者变相吸收公众存款，数额在 500 万元以上的；

（二）个人非法吸收或者变相吸收公众存款对象 100 人以上的，单位非法吸收或者变相吸收公众存款对象 500 人以上的；

非法吸收或者变相吸收公众存款的数额，以行为人所吸收的资金全额计算。案发前后已归还的数额，可以作为量刑情节酌情考虑。

（北京市朝阳区人民检察院第二检察部　鞠少红）

互联网金融公司技术人员的非法吸收公众存款罪主观故意认定

——高某某等三人涉嫌非法吸收公众存款案

【关键词】

主观故意　非法吸收公众存款　互联网金融　非法集资

【基本案情】

经审查认定：

犯罪嫌疑人高某某、郭某某、操某某是北京某网络科技有限公司（以下简称某网络公司）的软件编程工程师，负责编写电脑程序实现公司经营互联网金融业务的需求。高某某负责电脑网页端的编程，郭某某负责苹果手机系统端的，操某某负责安卓系统端的。该三人均通过公司公开招聘入职，由技术部门主管人员考核面试后录用。

涉案网络公司为互联网金融公司，通过设立某P2P金融平台，在电脑端、手机端开展以商业承兑汇票为担保的借贷信息中介业务。该公司对外宣传在该平台借贷的公司均使用由国企出具的商业承兑汇票做担保，向平台用户借款用于经营的资金周转，承诺的利息为年化10%。平台上的标的每笔均未超过100万元，符合相关规定，且所有出借资金由恒丰银行存管，平台每笔放款按年化利息5%收取服务费。而经过调查核实，涉案公司在网上发布的标的均为编造，借款方信息和商业承兑汇票也是伪造的。平台用户出借的钱款虽然先进入存管银行，但是在银行登记的借款人账户均是平台实际控制人控制的某保理公司或其关联公司的账户，并无所谓的承揽国企业务公司借款的事实。投资人在平台上借出的钱款均被涉案公司的实际控制人用于投资其他项目、公司经营和向投资人返利。涉案公司设有总经理、产品部、运营部、风险控制部、技术部、财务部、行政人事部。其中，产品部负责设计平台操作流程和网页展示的内容，提出需求交给技术部实现；运营部负责产品宣传，策划活动吸引投资人投资；风险控制部负责对抵押物和借款人进行审核，出具评估意见；技术部负责网站搭建、App 制作和系统维护与开发，实现平台的功能；财务部负责平台的日常支出和发放工资；行政部负责日常行政工作和人事工作。

【诉讼过程和结果】

公安机关于 2018 年 8 月 12 日立案侦办本案，同日将涉案公司 3 名高管刑事拘留，后北京市朝阳区人民检察院于 2018 年 9 月 19 日对其中 2 名高管作出批准逮捕决定。公安机关于 2018 年 11 月 9 日电话通知涉案公司的技术人员高某某、郭某某、操某某到公安机关配合调查，后三人于当日被刑事拘留。北京市朝阳区人民检察院于 2018 年 12 月 5 日受理本案，同月 12 日以证据不足，对高某某、郭某某、操某某作出不批准逮捕的决定。

【主要问题】

1. 非法吸收公众存款案件中未参与吸存业务的普通职员如何定罪定性？

2. 非法吸收公众存款罪中主观故意的认定。

【指导意义】

一、本案不批捕理由

（一）我国合法 P2P 互联网金融平台的法律规制

中国人民银行、公安部等 10 部门于 2015 年 7 月颁布了《关于促进互联网金融健康发展的指导意见》，该意见明确了 P2P 互联网金融平台的性质是信息中介，不能通过 P2P 平台开展非法集资活动，条文指出，"个体网络借贷机构要明确信息中介性质，主要为借贷双方直接借款提供信息服务，不得提供增信服务，不得非法集资。"该文件是促进我国互联网金融健康发展的重要文件。之后，银监会、公安部等部门于 2016 年 8 月颁布了《网络借贷信息中介机构业务活动管理暂行办法》，这是我国第一个专门针对 P2P 平台进行规范的文件，其中规定，"网络借贷信息中介机构是指依法设立，专门从事网络借贷信息中介业务活动的金融信息中介公司。"该文件进一步明确了 P2P 平台是网络借贷信息中介机构，开展的是金融信息中介服务。在随后的 2016 年至 2017 年间，银监会等部门又陆续制定了《网络借贷信息中介机构备案登记管理指引》《网络借贷资金存管业务指引》《网络借贷信息中介机构业务活动信息披露指引》等规范性文件，对 P2P 平台的经营行为进一步规范。

银监会等部门对 P2P 平台出台的各项规定是判断 P2P 平台经营行为是否合规的依据，但并非构成犯罪的依据，罪刑法定是《刑法》的基本原则，认定 P2P 平台是否构成犯罪依据的是《刑法》及相关司法解释。我国《刑法》第 176 条规定了非法吸收公众存款罪，最高人民法院于 2010 年出台的《关于审理非法集资刑事案件具体应用法律若干问题的解释》、"两高一部"于 2014 年出台的《关于办理非法集资刑事案件适用法律若干问题的意见》是认定此类案件最重要的司法解释。

根据前述，可以将 P2P 平台按照是否符合银监会等部门的规定分为合规的 P2P 平台和不合规的 P2P 平台，在不合规的 P2P 平台中又可以依据是否触犯《刑法》，分为构成犯罪的 P2P 平台和不构成犯罪的 P2P 平台。因此，不合规并不必然构成犯罪，例如违反资金银行存管规定、违反信息披露规定的平台等并不一定违反《刑法》的规定，在判断是否构成犯罪的时候仍然需要严格依照《刑法》及相关司法解释的规定。对于不合规但并未构成犯罪的 P2P 平台，应当由银监会、保监会等部门进行监管，并不属于《刑法》规制的范围，对于超出金融信息中介公司的性质，实质进行《刑法》所禁止的非法吸收公众存款等犯罪的 P2P 平台，应当依法认定犯罪。

正因为存在合法合规经营的 P2P 平台，在认定行为人的主观明知时，需要相应的证据证实其主观上明知 P2P 平台的危害性。相较于线下非法集资公司的业务员而言，P2P 互联网金融平台的员工更多是软件开发人员、服务器维护人员、行政人员等与普通互联网公司员工工作内容无明显差异的员工。审查案件时，对上述人员不知道行为违法的辩解应当重视，需要结合在案证据判断其辩解是否合理。需要考察行为人对金融秩序的扰乱及危害结果是否可以预见，以及其对公司的违法性认识。

（二）参与部分行为的普通员工应依据共同犯罪理论来定性其行为

非法吸收公众存款罪并不是过失犯罪，这就要求行为人在犯罪时需要明知其行为会发生或可能发生危害社会的结果，并至少放任这种结果的发生。如果要认定 P2P 互联网金融公司的普通员工构成非法吸收公众存款罪还是要依据最基本的共同犯罪理论来探讨。即该员工实施了部分的非法吸收公众存款的行为，并具有共同实施非法吸收公众存款罪构成要件的故意。

2010 年最高法《关于审理非法集资刑事案件具体应用法律若干问题的解释》第 1 条明确了构成非法吸收公众存款罪需要同时具备的 4 个条件，通常归纳为"非法性""公开性""利诱性"和"社会性"。这就要求普通员工在实施帮助非法吸收公众存款的行为之外，还要对上述 4 个要件具有一定认识，并故意或放任上述要件结果的发生。该司法解释颁布时，P2P 互联网金融平台在我国并未大规模出现，也未考虑到以 P2P 平台为名进行的非法集资相较于线下非法集资的特殊情况，但是，认定 P2P 平台是否构成非法吸收公众存款罪还是可以依据该解释来认定。互联网的受众本身就具有不特定的社会性，所以 P2P 平台的社会性作为普通人均能够认识到。而 P2P 平台为了发展业务，所有平台投资人都是从无业务关联的人员中发展，且其网站或手机应用本身就具有宣传的开放性和浏览对象的不特定性，非法吸收公众存款罪所要求的向社会公开宣传的公开性及向社会不特定对象吸收资金的社会性 P2P 平台天然具备。在通常情况下，判断 P2P 平台的工作人员是否构成犯罪时仅需考虑是否具备非法性和利诱性两个要件。

1. 非法性的判断

P2P互联网金融的非法性主要集中在设立资金池与发布虚假标的上，如果相关员工参与上述两项工作，则说明该人对非法性具有明确的认识。类似地，平台上任何不符合规范、故意弄虚作假的主动行为都可以证明行为人对非法性的认识。

2010年最高法《关于审理非法集资刑事案件具体应用法律若干问题的解释》第1条明确了非法吸收公众存款违反的是国家金融管理法律规定，国家金融管理法律规定中的《中华人民共和国商业银行法》第11条规定："未经国务院银行业监督管理机构批准，任何单位和个人不得从事吸收公众存款等商业银行业务"，可以看出，非法吸收公众存款罪中的非法性具体指的是未经批准而开展的吸收公众存款的商业银行业务。如果认定P2P平台未经批准，实质上开展的是类似商业银行的吸收公众存款业务，P2P平台就符合司法解释所规定的非法性。判断P2P平台实质上开展的是否为商业银行吸收公众存款的业务，需要引入资金池的概念。资金池在有关P2P网络借贷的讲话及文件中被多次提及，2013年11月25日及2014年4月21日召开的处置非法集资部际联席会议上，中国人民银行和银监会相关负责人分别明确指出P2P网络借贷不得归集资金搞资金池；2016年4月国务院办公厅《互联网金融风险专项整治工作实施方案》也规定"P2P网络借贷平台应守住法律底线和政策红线，落实信息中介性质，不得设立资金池"。虽然目前关于资金池并无明确的定义，但这并不妨碍对资金池的认识并分析其风险。商业银行的基本盈利模式是通过吸收存款和发放贷款赚取差价，存款人和贷款人在存贷款时间、金额等方面并非一一对应，均是与商业银行产生法律关系，存款人的钱款在商业银行就会形成一个可以由商业银行支配的资金池，这是商业银行吸收公众存款的实质。资金池的风险一方面在于资金归属不清晰可能会发生挤兑风险，另一方面在于资金池中的资金有可能被侵占或者挪用，因此，商业银行开展吸收公众存款业务需要严格的风控体系，也需要经过严格的审批程序，未经批准设立可以被支配的资金池吸收存款就符合了非法吸收公众存款罪所要求的非法性，P2P平台未经批准设立可以被支配的资金池开展业务同样符合非法吸收公众存款罪的非法性。需要说明的是，可以被支配的资金池除强调存在资金池外，还强调了对资金池的可控性。如果P2P平台通过商业银行或第三方支付平台对资金进行管理，并采用技术手段避免了资金池被侵占和挪用的风险，即便在募集期或者返本付息等过程中客观上存在资金池，也不宜认定其符合非法吸收公众存款罪的非法性。

2016年8月，银监会、工业信息化部、公安部、国家互联网信息办公室联合发布《网络借贷信息中介机构业务活动管理暂行办法》，其中明确网络借贷金额应当以小额为主，同一自然人在同一网贷平台的借款余额上限不超过20万元；同一法人或其他组织在同一网贷平台的借款余额上限不超过100万元，同一自然人在不同网贷平台借款总余额不超过100万元；同一法人或其他组织在不同网贷平台借款总余额不超过500万元。很多平台为了帮助借款人大额融资而故意虚构多个借款人信息、拆分发布的标的。而参与发布虚假标的员工对工作内容的非法性应有明确的认识。

2. 利诱性的判断

认定行为人构成非法吸收公众存款罪还要判断其是否明知平台的利诱性。2010年最高法《关于审理非法集资刑事案件具体应用法律若干问题的解释》对利诱性的规定是"承诺在一定期限内以货币、实物、股权等方式还本付息或者给付回报"，在认定P2P平台构成犯罪时，这一承诺应当是P2P平台自身作出或者是其他单位或个人代替平台作出的。承诺的形式可以体现在借贷协议中的，也可以单独出具，还可以是网站宣传，但仅有出借人和借款人之间的借贷协议约定借款期限、利息等内容，不能认定为P2P平台自身的承诺，除非P2P平台进行的是自融或者变相自融。在P2P平台进行自融或者变相自融时，即便没有P2P平台的承诺也可以认定其符合利诱性，原因在于P2P平台在自融或者变相自融时借款人实质是平台自身，借款人与出借人签订的借贷协议中只要约定了借款期限、利息等内容，实质上就相当于P2P平台自身作出的承诺，就符合非法吸收公众存款罪的利诱性。

正因为存在合法合规经营的P2P平台，在认定行为人的主观明知时，需要相应的证据证实其主观上明知存在可以由公司支配的资金池。

（三）高某某、郭某某、操某某行为的认定

本案中，高某某、郭某某、操某某均系公司的技术人员，3 人从事的工作与普通互联网公司的工作内容并无明显区别，平台上发布的借款信息、投资人钱款的去向等 3 名技术人员并不掌握，在非法性和利诱性两个方面无法判断该 3 人是否有明确的认识。

在非法性上，涉案公司为合法注册的互联网金融公司，该公司内设机构齐全，各部门分工明确，具有正规公司的外观。该公司在网上发布的标的均系公司实际控制人指使其亲信伪造，在普通人看来公司的经营并无不合规之处。而 3 名技术人员在工作中也并不接触伪造标的、拆分标的、划扣投资款等工作，所以 3 名技术人员在主观上并不明知公司为非法的互联网金融平台。

在利诱性上，3 名技术人员对平台的利诱性缺乏认识，涉案公司在平台上发布的标的均为固定利息，并明确借款人支付 15% 的年化利息，其中 10% 支付给投资人，5% 为平台服务费，并且与投资人签署的为中介服务协议，平台实际控制人通过自己控制的其他公司来套取投资人借款。相关人员的作假行为不仅欺骗了投资人，对公司的普通员工也造成了错误的认识，其他人很难认识到公司存在自融的行为。

所以，在 P2P 互联网金融公司形式合法，真正的非法吸存行为人又通过编造事由，掩盖事实真相套取投资款的情况下，对不了解真实业务的普通员工来说，很难认识到其工作是在帮助他人实施犯罪。也就是说，这些普通员工缺乏共同实施犯罪的故意。

二、非法吸收公众存款罪中主观故意的认定

通过上文的分析，我们可以确定互联网金融服务的从业人员构成非法吸收公众存款罪必须要对自身行为发生危害社会的结果具有明确的认识，即能够认识到其从事的互联网金融服务具有"非法性""公开性""利诱性""社会性"。以下主要介绍这 4 个特性的表现形式，当公司工作人员认识到下述事实时，就可以认定该人具有主观故意。

（一）对公开性的认识

公开性是互联网的本身属性，任何浏览互联网的人都不断接受其上发布的信息。互联网金融平台必然从属于互联网的特征，天生便具有向社会公众进行宣传的公开性，所以公开性要件只要是互联网的从业人员必然都能够认识到，并无进一步讨论的必要。

（二）对社会性的认识

非法吸收公众存款中的社会性除了向不特定公众吸收资金外，还要求具有"一对多"的融资性质。而很多平台在做中介服务时将借款拆分为小额和多个短期债权，再分别与一名出借人签署协议。如果"穿透"其模式进行就可以看到，这种模式通过拆分债权期限和金额的错配向不特定多数人宣扬时，就已背离了"一对一"的债权债务转让的借贷法律关系，而是实际上演变为"一对多"的融资法律关系。在平台未设投资人资质门槛、未区分投资人是否为"合格投资者"的情况下，这种债权转让模式的社会性还是比较明显的。

（三）对利诱性的认识

实践中，对于大多数已经实际返本付息或给予回报的案件，P2P平台往往辩解称，给予投资人的利益回报，是正常投资活动带给投资人的红利，并非来源于"拆东墙补西墙"式的返还。还有的辩称，在与投资人签订的协议中载明回报为"预期年化收益率"，并非定期利息，因此在有意地规避利诱性的特征。那么，如何正确区分合法投资活动应得报酬与非法集资的利益回报的界限呢？对此，我们要借鉴金融学上的"穿透式监管"理论和刑法解释学上的"实质解释论"，对利诱性要件的本质予以揭示。笔者认为，认定是否属于非法吸收公众存款罪中的承诺回报，应限于行为人承诺"只要出资即可通过出资行为获得回报"，而不是指承诺出资人在出资后通过生产等行为可以获得报酬。

同时，在存在自融或变相自融的平台，借款人与中介人已经趋同，通常是平台的实际控制人或高管，与借款人都有明显的关联关系，在这种情况下，投资人不是直接将钱借给了借款人，而是购买了平台的债权。所谓约定利息就是中介人员承诺的利息，具有明显的利诱性。这种行为也为庞氏骗局的运作提供了最为便利的条件。

（四）对非法性的认识

认定这种模式是否具有非法性，要紧密结合这种业务内容所显露出的风险进行综合判定。当相关业务明显具有风险和违规操作时，员工参与其中部分行为，并帮助他人完成全部行为的就可以认定该人为非法吸收公众存款罪的共犯。

1. 存在非法的资金池。实践中，平台会将投资人的投资款存入存管银行的存管账户，在满标之前平台无法动用。但是在满标之后，存管银行会根据发标时的约定将钱款全部打入之前登记的借款人账户内。当平台实际控制借款人账户的情形下，投资人的钱款还是形成了事实上的资金池，所有资金都在同一个账户内流转，形成了资金的沉淀，触犯了资金池的红线。

2. 存在金额、期限的错配。将借款标的进行金额、期限错配，包装为不同 P2P 标的，是大部分平台私下操作的惯用手法。虽然现行监管体制下并不完全禁止金额拆分，借款人可以在不同平台借款，但是绝对禁止对期限进行拆分，否则会出现"借新还旧"的现象，流动性风险加大甚至导致资金链断裂。

3. 存在债权虚假。对于债权的真实性，目前主要依赖于平台及专业放款人的商业道德和商业信用，监管严重滞后。分析司法实践中的已决判例，还款人出现大规模逾期的平台均存在虚构标的或篡改、包装标的的现象，大部分平台的风控形同虚设。

通过上述分析，从 P2P 互联网金融平台技术人员行为的定性推而广之，可以对平台所有普通员工行为的定性作出一个普适的评价标准。对于从事非金融业务的员工，如果该人主观上对非法吸收公众存款罪的 4 个特征并无全面的认知，对其工作内容的社会危害性不明知，则不能够认定其构成非法吸收公众存款罪。

【相关法律规定】

一、中华人民共和国刑法

第一百七十六条 非法吸收公众存款或者变相吸收公众存款，扰乱金融秩序的，处三年以下有期徒刑或者拘役，并处或者单处二万元以上二十万元以下罚金；数额巨大或者有其他严重情节的，处三年以上十年以下有期徒刑，并处五万元以上五十万元以下罚金。

二、最高人民法院《关于审理非法集资刑事案件具体应用法律若干问题的解释》（2011年1月4日施行）

第一条 违反国家金融管理法律规定，向社会公众（包括单位和个人）吸收资金的行为，同时具备下列四个条件的，除刑法另有规定的以外，应当认定为刑法第一百七十六条规定的"非法吸收公众存款或者变相吸收公众存款"：

（一）未经有关部门依法批准或者借用合法经营的形式吸收资金；

（二）通过媒体、推介会、传单、手机短信等途径向社会公开宣传；

（三）承诺在一定期限内以货币、实物、股权等方式还本付息或者给付回报；

（四）向社会公众即社会不特定对象吸收资金。

（北京市朝阳区人民检察院第二检察部　王栋）

非法吸收公众存款案认罪认罚从宽制度的应用

——林某某、高某某非法吸收公众存款案

【关键词】

从犯　自首　认罪认罚　追赃挽损

【基本案情】

经审查认定：

涉案相关公司的情况：深圳某股权投资管理有限公司于 2013 年 4 月 26 日成立，法定代表人祁某某，住所地深圳市某地，2013 年 7 月 5 日公司名称变更为深圳某股权投资管理集团有限公司。华南某有限公司设立于 2014 年 7 月 14 日，法定代表人王某某，住所地深圳市某地，总经理祁某某，2015 年 9 月 25 日法定代表人变更为祁某某。上述深圳某股权投资管理有限公司为融资公司，华南某有限公司为用资公司，实际上两公司为关联公司，均在祁某某的控制下。深圳某股权投资管理集团有限公司北京分公司住所地北京市朝阳区东三环北路甲 19 号 21 层 2501，法定代表人李某某，分公司 2014 年 5 月 28 日成立，后两次变更法定代表人。

公司人员架构情况：公安机关提请批准逮捕的 3 名嫌疑人均为深圳某股权投资管理集团有限公司北京分公司员工。最初北京分公司为总公司在北京的办事处，后来注册后成为分公司，公司架构分成人事行政后勤部和业务部。嫌疑人林某某负责人事行政后勤部，在原总经理离职后也负责销售部，为实

际上的分公司负责人，主要负责销售、人员招聘、行政后勤、与总公司汇报协调等工作。分公司除人事行政后勤外，主要人员均为销售人员，分为数个销售团队。其中嫌疑人王某某为大客户部总监，嫌疑人高某某为大客户部经理，二人为上下级关系。

公司主要经营形式：涉案公司未经国家主管部门批准，以发传单、打电话等公开方式对外宣传华南红木交易中心的红木宝理财产品，宣称募集资金用于贷款给红木商，并有红木做抵押，资金进入华南红木交易有限公司，承诺每月返息，到期返本，年化收益最高达19%，以此吸引投资人投资。

资金情况：北京分公司吸收资金的形式主要为客户刷POS机，POS机关联华南红木交易有限公司账户，该账户为资金归集账户。返息主要使用法人王某某的个人账户及财务人员杜某某的个人账户。分公司人员不直接掌控资金。

认定犯罪事实：犯罪嫌疑人林某某、王某某、高某某于2014年12月至2015年7月间，在北京市朝阳区东三环中路嘉盛中心某某号等地，以投资深圳某股权投资管理集团有限公司的红木宝理财产品等可以获得高额返利为由，向社会公众公开宣传，非法吸收30余名投资人的资金共计人民币1700余万元。

【诉讼过程和结果】

北京市公安局朝阳分局于2016年9月22日对深圳某股权投资管理集团北京分公司涉嫌非法吸收公众存款案立案侦查。2018年3月14日林某某、王某某、高某某经民警电话通知后自动到案，当日被刑事拘留，2018年4月11日报请朝阳检察院审查逮捕。在审查逮捕期间，林某某、高某某的家属帮助嫌疑人退赔非法所得和部分投资人损失，朝阳区人民检察院于2018年4月17日以无逮捕必要为由对林某某、高某某不批准逮捕。同时对无退赔行为的王某某以非法吸收公众存款罪批准逮捕。

【主要问题】

1. 数额巨大的非法吸收公众存款如何认定嫌疑人无逮捕必要？

2. 办理非法吸收公众存款罪如何达到法律效果和社会效果的统一？

【指导意义】

一、本案不批捕的理由分析

（一）犯罪嫌疑人行为性质的认定

1. 本案应当定性为非法吸收公众存款罪

我国《刑法》第 176 条是对非法吸收公众存款罪的规定。根据 2010 年 12 月 13 日最高人民法院《关于审理非法集资刑事案件具体应用法律若干问题的解释》第 1 条的规定，非法吸收公众存款需要具备以下几个特征：

（1）未经有关部门依法批准或者借用合法经营的形式吸收资金；

（2）通过媒体、推介会、传单、手机短信等途径向社会公开宣传；

（3）承诺在一定期限内以货币、实物、股权等方式还本付息或者给付回报；

（4）向社会公众即社会不特定对象吸收资金。

这 4 个特征即非法性、公开宣传性、利诱性和社会性性，这是认定非法吸收公众存款的基本标准。具体到本案，涉案公司的经营方式完全符合非法吸收公众存款罪的四性标准。具体分析如下：

第一，涉案公司并不具备吸收资金的资质而向社会吸收资金并承诺按期返息，本质上是将自己作为“银行”而向公众吸收存款的行为，违反了国家金融管理法律的规定，具有非法性。《中华人民共和国商业银行法》（以下简称《商业银行法》）第 11 条第 2 款规定：未经国务院银行业监督管理机构批准，任何单位和个人不得从事吸收公众存款等商业银行业务。这是本案非法性的法律判断依据。另外，早年的《非法金融机构和非法金融业务活动取缔办法》也早就规定，未经中国人民银行批准，擅自设立从事或者主要从事吸收存款等金融业务活动的机构是非法金融机构，未经中国人民银行批准，擅自从事非法吸收公众存款或者变相吸收公众存款以及未经依法批准,以任何名义向社会不特定对象进行的非法集资是非法金融业务活动。本案涉案公司仅是工商登记成立的一个投资管理公司,未经批准从事向社会公众吸收存款的行为,具有非法性。

第二,公司业务人员采用随机拨打电话、发放宣传单等方式对外宣传,具有公开宣传性。部分业务员利用微信朋友圈及自己的亲朋好友宣传,主观上明知且希望吸收资金的信息向社会公众传播,因此也不能否认其公开宣传性。

第三,承诺保本返息,具有利诱性。通过夸大公司实力,树立企业资产雄厚的假象,宣称年化收益10%—25%,并以关联公司承担无限连带责任担保的形式吸引社会公众投资,具有利诱性。

第四,吸收资金的对象为不特定的社会公众,具有社会性。根据上述司法解释的第1条第2款的规定,未向社会公开宣传,在亲友或者单位内部针对特定对象吸收资金的,不属于非法吸收或者变相吸收公众存款。本案的投资人并非一个特定群体,也不是单位内部人员,寻找投资人不考察经济能力和风险承担能力,无论是谁都可以投资。虽然一些投资人为业务员的亲友,但投资人群体远超出亲友的范围,仍属于向社会公众吸收资金,具有社会性。

因此,本案从行为方式上应当定性为非法吸收公众存款罪。

2. 本案应当定性为个人犯罪

从公司成立后的运营情况来看,深圳某股权投资管理有限公司及北京分公司成立后以实施非法吸收公众存款为主要活动。

第一,公司成立后,除部分员工隶属行政部、财务部等为吸收资金提供辅助作用的部门外,绝大部分员工隶属公司的各个销售团队,各销售部员工的工作职责就是通过发放传单、拨打电话等方式,向社会公众宣传公司红木宝产品,吸引投资人投资。

第二,公司运营的资金、员工工资、对外投资的资金、支付投资人的收益和所返还的本金,几乎全部来源于吸收投资人的存款,公司没有其他经营活动和资金来源。

可见，涉案公司从成立到案发都是围绕着非法吸收公众存款的行为而展开。根据 1999 年 6 月 25 日最高人民法院《关于审理单位犯罪案件具体应用法律有关问题的解释》第 2 条的规定，公司、企业、实业单位设立后，以实施犯罪为主要活动的，不以单位犯罪论处。

因此，本案应当定性为个人犯罪。涉案的嫌疑人为普通共同犯罪行为，均构成非法吸收公众存款罪。

（二）犯罪嫌疑人的从轻、减轻情节

本案两名嫌疑人之所以最终能以无逮捕必要为由不批准逮捕，主要原因为二人具备多项从轻、减轻的情节，具体分析如下：

1.法定情节

（1）二人均系从犯

到案的嫌疑人均为涉案北京分公司的员工，综合全案证据来看，北京分公司隶属总公司，人员总量较少，仅有人事行政和业务部门，一人负责财务，收取投资人投资款所用的为总公司发放的 POS 机，该 POS 机关联的账户为总公司账户，也即投资人的资金直接进入总公司账户，北京分公司不直接经手涉案资金。分公司所需要返还投资人本金及利息的资金也来源于总公司，分公司员工的工资、提成都由总公司给分公司再发放，因此分公司并不掌握投资的资金，更没有资金的直接支配权利。同时，以销售红木宝理财产品的形式向社会公众吸收资金这种经营模式也不是分公司独立作出的决定，而是受总公司的指示，因此分公司对经营模式、公司重大事项并没有决策权。最后，在资金出现兑付危机后，也是总公司派人出面与投资人商议。因此，涉案的北京分公司对公司经营模式没有决策权，对资金没有控制权，其本质上相当于一般非法吸收公众存款的公司的一个销售部门。

我们在办理类似非法吸收公众存款犯罪时，一般涉案人员都比较多，为区分认定责任，确实做到罪责刑相适应，认定主犯的范围比较小。对起组织领导作用的总公司的直接负责的主管人员和发挥主要作用的其他直接责任人员才能认定为主犯，这类人一般指公司的发起人、经营模式的创立者、实际参与公司经营的法定代表人、资金的实际支配和使用者，以及部分直接从事核心销售业务的公司高管。基于分公司的这种地位，相应的涉案的分公司的员工均对公司没有决策权、对资金没有支配权。在整个非法吸收公众存款的犯罪活动中并非起主要作用的首犯、主犯。其中犯罪嫌疑人林某某虽然为分公司负责人，但其实质上相当于一般非法吸收公众存款的公司的一个销售部门的负责人，并非总公司高管，应当认定为从犯。犯罪嫌疑人高某某虽然职位为大客户部经理，但该职位并没有下属人员，其本人应当定性为底层销售人员，为从犯。根据《刑法》第 27 条的规定，对于从犯，应当从轻、减轻处罚或者免除处罚。

（2）二人均系自首

根据《刑法》第 67 条的规定，犯罪以后自动投案，如实供述自己的罪行的，是自首。对于自首的犯罪分子，可以从轻或者减轻处罚。本案的嫌疑人系经公安机关电话通知后主动到案的，到案后基本能够供述主要犯罪事实，口供稳定，应当认定为自首。自首制度的设立，是为了更好地贯彻宽严相济形势政策，旨在通过鼓励犯罪嫌疑人自动投案，一方面促使犯罪嫌疑人悔过自新，另一方面也加快案件的侦破及诉讼效力，有效地节约司法资源。自首需要两个必要条件，一是自动投案，二是如实供述自己的罪行，两个条件缺一不可。因此，虽然自动投案但不能如实供述自己的罪行的，不能认定为自首。

根据最高人民法院《关于处理自首和立功具体应用法律若干问题的解释》第 1 条规定，自动投案，是指犯罪事实或者犯罪嫌疑人尚未被司法机关发觉，或者虽被发觉，但犯罪嫌疑人尚未受到讯问、未被采取强制措施时，主动、直接向公安机关、人民检察院或者人民法院投案。本案公安机关在立案后侦查期间，已经发觉了犯罪嫌疑人，但尚未对犯罪嫌疑人采取任何强制措施之时，经公安机关电话通知后，主动到达公安机关，有效节约了司法资源，应当属于自动投案。

同样根据上述司法解释第 1 条的规定，如实供述自己的罪行，是指犯罪嫌疑人自动投案后，如实交代自己的主要犯罪事实……共同犯罪案件中的犯罪嫌疑人，除如实供述自己的罪行，还应当供述所知的同案犯。经过审查犯罪嫌疑人林某某、高某某的供述，以及当面对二人进行讯问，结合在案的其他证据，可以认定二人基本供述了主要的犯罪事实，且多次供述较为稳定，与其他证据相吻合。故可以认定二人是如实供述。

综上，嫌疑人应当认定为自首，根据《刑法》的规定，可以从轻或者减轻处罚。

2. 酌定情节

本案犯罪嫌疑人除上述法定从轻、减轻情节外，还具备以下酌定从轻情节。

首先，犯罪嫌疑人认罪悔罪，积极退赃退赔。二人到案后，自愿认罪认罚，对自己构成非法吸收公众存款罪供认不讳，并愿意尽全力退赃退赔，弥补投资人损失，经征询犯罪嫌疑人意见，在嫌疑人家属的努力下，二人均全部退出在公司工作期间的获利，并在全部退赃的基础上，多退出相应数量的资金用于弥补投资人的损失，表达认罪悔罪的态度。

其次，犯罪嫌疑人一贯表现良好，没有任何违法犯罪前科，说明再犯可能性较小。

综上，犯罪嫌疑人有自首、从犯的法定从轻、减轻的量刑情节，且真诚认罪悔罪，全力退赃退赔，社会危险性较小，不属于应当逮捕的情况，具备取保候审条件，故对二人作出无逮捕必要不捕的决定。

（三）案件办理效果

本案综合全案情况作出的无逮捕必要不捕的决定，收到较好的办案效果。

首先，对嫌疑人来说，可以在取保候审的状态下进行之后的刑事诉讼程序，避免了被羁押在看守所，具有较大的人身自由，这种较为宽缓的强制措施有利于促使他们更加深刻地反思自己的罪行，也领会认罪认罚从宽制度对自身的益处，对司法机关进行后续起诉、审判也更加配合。

其次，对同案嫌疑人起到示范作用。该案同时报捕的有 3 名犯罪嫌疑人，在对林某某、高某某不批准逮捕的同时，对另一犯罪嫌疑人王某某作出批准逮捕的决定。逮捕后，王某某本人多次表示认罪认罚，其家属也全力配合退赃退赔，最终在审查起诉阶段，王某某全部退赃并多退出部分资金弥补投资人损失，经朝阳区人民检察院审查后，将王某某也变更强制措施为取保候审。

再次，非法吸收公众存款案件的一大难点是追赃挽损。本案由于在案嫌疑人的积极退赃退赔，较大程度地挽回了投资人的损失。非法集资案中，投资人第一追求的是尽可能地挽回损失，但往往因为资金链断裂之后该类案件才会发案，此时一般账面上很难有资产可供执行，追索赃款的难度极大，资产查封的比例较低。此类案件最终投资人的发还率往往较低。本案中犯罪嫌疑人的积极退赃退赔，能使嫌疑人挽回相对较高比例的损失，且均为资金在案，不需要再进行拍卖等变现过程，投资人拿到退赔款的时间相对较短。因此投资人对这种处理结果也是认可的，有效地降低了投资人集体访的风险，社会效果较好。

二、非法吸收公众存款案中认罪认罚从宽制度的适用范围

本案的处理，是朝阳区人民检察院非法吸收公众存款案件适用认罪认罚从宽制度的例子。朝阳区人民检察院为刑事案件认罪认罚从宽制度[①]适用的试点院，试点初期，该制度主要适用于法定刑3年以下的部分轻罪案件，并未在金融犯罪类案件中展开。朝阳区人民检察院金融犯罪检察部积极探索，将认罪认罚从宽制度在非法吸收公众存款中加以适用，并在实践的基础上形成适用指引，对适用的范围、程序加以规制。

办理非法吸收公众存款认罪认罚案件，应当贯彻宽严相济刑事政策，充分考虑犯罪的社会危害性和犯罪嫌疑人、被告人的人身危险性，以最大限度追赃挽损、减少不良社会影响作为考量的主要因素，结合认罪认罚的具体情况，决定是否从宽及从宽幅度，确保办案法律效果和社会效果。

（一）不宜适用认罪认罚从宽制度的情形

1.曾因经济犯罪受过刑事处罚的。该种情形下，犯罪嫌疑人因曾经有过

---

① 2016年11月11日最高人民法院等部门印发《关于在部分地区开展刑事案件认罪认罚从宽制度试点工作的办法》的通知，根据全国人大常委会的授权，决定在部分地区开展认罪认罚从宽制度试点工作，北京是试点地之一，试行期2年，朝阳区人民检察院为试点院。2018年10月26日全国人大常委会审议通过了关于修改刑事诉讼法的决定，本次修改在总结认罪认罚从宽制度试点工作经验的基础上，将司法实践中的经验上升为法律，将认罪认罚从宽制度在刑事诉讼法中予以确定，在全国执行。

经济犯罪，经历过法庭的审判和刑罚执行过程中的教育，对此类犯罪的认识程度更高，再次犯非法吸收公众存款罪，说明其主观恶性较大，再犯可能性增加，不应适用认罪认罚对其从宽处理。

2. 采取从宽处罚措施不利于案件追赃挽损和可能引发社会不良影响的。案件办理过程中不能仅考虑犯罪嫌疑人自身的情况，还要综合全案来考虑从宽的影响。如果犯罪嫌疑人存在为在逃人员通风报信、隐匿转移资产、销毁证据的情况，则对其从宽处理不利于案件追赃，不应适用认罪认罚从宽制度。如存在投资人对该人从严处罚愿望强烈、退赃与个人犯罪所得不成比例等情况，也不宜适用认罪认罚从宽制度。

（二）适用的具体要求

除去上述不宜适用认罪认罚从宽制度的情况之外，一般的非法吸收公众存款罪都有适用该制度的空间，但要注意以下几点。

1. 案件事实清楚，证明该犯罪嫌疑人的证据充分、稳定。适用认罪认罚从宽制度的首要基础是案件证据，必须有证据证明犯罪嫌疑人实施了非法吸收公众存款的行为，在犯罪嫌疑人构成非法吸收公众存款罪的基础上，才有可能适用认罪认罚从宽制度。如果案件经过审查，证明全案根本不能构成犯罪，或者构成犯罪的证据不足，那么就应当尊重事实，疑罪从无，而不能为了追求认罪认罚的成绩，带病处理，将本不能定罪的嫌疑人适用认罪认罚从宽处理。

2. 嫌疑人自愿认罪，并且有相应的退赔行为。因为非法吸收公众存款案件一般嫌疑人涉及的层级多、人员广，在适用认罪认罚时要考虑嫌疑人的层级、作用和获利情况，在认罪认罚的基础上，要适用不同的退赔标准。一般而言，退赔的数额与其本人的获利、吸收资金的数额挂钩。在犯罪活动中其主要或关键作用的首犯、主犯、重要高管、资金使用人，资金主要用于真实项目的生产经营的，需要全部或绝大部分挽回投资人损失；从事销售、宣传等融资或其他关键岗位的，层级越高的需要退赔的数额越高，底层业务员需要至少退赔全部非法所得；从事事务性、劳务性工作，领取固定工资的从犯，要求至少退赔非法所得。

3.应当及时要求嫌疑人签署认罪认罚具结书，并书写自愿退赔承诺书。对犯罪嫌疑人从宽处理，是在嫌疑人自愿认罪认罚和自愿退赔的基础上作出，起诉到法院要需要有相应的证据，因此需要及时固定认罪认罚的相应证据，并在起诉至法院时一并提交法院，作为法院最终从宽处理的依据。另一方面，也防止犯罪嫌疑人事后反悔，如有反悔，认罪认罚具结书作废，不再对嫌疑人从宽处理。

三、非法吸收公众存款案件适用认罪认罚从宽的意义

防范化解重大风险是党的十九大提出的三大攻坚战之首，重点是防控金融风险。近年来，朝阳区经济发展强劲，金融创新活跃。但与此同时，占北京市近七成的金融犯罪案件及新型互联网金融案件都发生在朝阳。办理好金融案件，对于防范化解金融风险，服务保障首都和朝阳经济社会健康发展非常重要。

在依法严厉打击金融犯罪特别是主犯、首要分子的基础上，朝阳检察院立足金融犯罪案件特点，积极配合轻罪诉讼体系构建，依托认罪认罚试点，着力探索与普通轻罪案件和而不同的特色化金融轻罪诉讼机制。至今，金融犯罪检察部依托认罪认罚从宽机制处理的非法集资类案件300余人，为投资人挽回经济损失累计1亿余元。

该项制度的适用，有以下重大意义：

1.有利于瓦解犯罪嫌疑人，对同案犯形成示范效应。对于积极退赃退赔的，予以不批准逮捕、不起诉、从轻处罚或者适用缓刑，这种处理会对负隅顽抗的嫌疑人形成加大压力，促使他们尽早归案、退赔。

2.有利于嫌疑人认罪悔罪，改过自新，重新回归社会。适用认罪认罚从宽制度，对嫌疑人作宽缓的处理，有利于他们改过自新，尽快回归社会，也使他们对法律心生敬畏，对司法心存感恩。

3.有利于缩短诉讼程序，减少羁押数量，降低诉讼成本。对于自愿认罪认罚的案件，可以根据情况适用简易程序或速裁程序，同时，减少逮捕强制措施的使用，可以减轻看守所压力，诉讼程序的简化、羁押数量的降低，都

可以有效地降低诉讼成本。

4.有利于最大限度地追赃挽损，保护投资人利益，化解社会风险。经统计，相对于认罪认罚从宽制度适用之前，犯罪嫌疑人退赔的积极性大幅提高，退赔时间更早、数额更大，是破解追赃挽损难题的一大法宝。因为更大程度上挽回了投资人的损失，因此也深受投资人的欢迎，一定程度上降低了信访的压力，化解了社会风险。

【相关法律规定】

一、中华人民共和国刑法

第二十七条 在共同犯罪中起次要或者辅助作用的，是从犯。

对于从犯，应当从轻、减轻处罚或者免除处罚。

第六十七条 犯罪以后自动投案，如实供述自己的罪行的，是自首。对于自首的犯罪分子，可以从轻或者减轻处罚。其中，犯罪较轻的，可以免除处罚。

第一百七十六条 非法吸收公众存款或者变相吸收公众存款，扰乱金融秩序的，处三年以下有期徒刑或者拘役，并处或者单处二万元以上二十万元以下罚金；数额巨大或者有其他严重情节的，处三年以上十年以下有期徒刑，并处五万元以上五十万元以下罚金。

单位犯前款罪的，对单位判处罚金，并对其直接负责的主管人员和其他直接责任人员，依照前款的规定处罚。

二、中华人民共和国刑事诉讼法

第十五条 犯罪嫌疑人、被告人自愿如实供述自己的罪行，承认指控的犯罪事实，愿意接受处罚的，可以依法从宽处理。

三、最高人民法院《关于审理单位犯罪具体应用法律有关问题的解释》

第二条 个人为进行违法犯罪活动而设立实施犯罪的，或者公司、企业、事业单位设立后，以实施犯罪为主要活动的，不以单位犯罪论处。

四、中华人民共和国商业银行法（2015年修正）

第十一条 设立商业银行，应当经国务院银行业监督管理机构审查批准。

未经国务院银行业监督管理机构批准，任何单位和个人不得从事吸收公众存款等商业银行业务，任何单位不得在名称中使用"银行"字样。

（北京市朝阳区人民检察院第二检察部　王利平）

二

妨害信用卡管理罪

妨害信用卡管理行为与上游犯罪之间的处理

——李某某妨害信用卡管理案

【关键词】

他人信用卡　取现　持有型犯罪　捞偏门

【基本案情】

经审查认定：

犯罪嫌疑人李某某与网友"猎鹰"（未在案）在捞偏门（即并非正当赚钱渠道）的网络聊天群中相识，据李某某供述称，"猎鹰"称自己将贩卖游戏外挂软件的钱款打入了几张不是自己名下的银行卡中，但是自己不知道银行卡密码或者该账户银行卡已经被锁定，需要持卡人持有效身份证件到银行将钱款取出，"猎鹰"提供了6张不同卡主名的银行卡、部分流水信息以及持卡人的身份信息，要求李某某帮忙找到上述银行卡的主人，协助将银行账户中的钱款取出，事成之后将会给李某某数万元的好处费，李某某应允之后，找到赵某某、张某某，谎称银行卡欠钱不还为由，要求帮忙协助，承诺事成之后会向赵某某、张某某提供一笔好处费。上述人员根据户籍信息查找卡主，并于2018年10月25日17时许在北京市朝阳区找到其中一名孙某某，称以银行卡被错误转入钱款为由，要求银行卡主人孙某某协助取现，并诱以一定利益，后因银行卡被锁定，需要到发卡行所在地山东省办理相关手续，李某某等3人要求孙某某持有效身份证件前往山东协助补办银行卡，卡主孙某某对自己名下存在山东开户的银行卡的情况不知情，因此对李某某、赵某某、张某某 3 人的行为感到怀疑，因担心自身安全出现问题在本市朝阳区北京农商银行附近报警，民警接警后到达现场，依法对上述 3 名犯罪嫌疑人进行处置，民警依法当场对李某某进行搜查，发现李某某非法持有他人名下银行卡 6 张，依法办理了扣押手续。事后查明，李某某等 3 人还使用类似手段前往山东要求武某某协助挂失银行卡并取现，武某某将上述人员拉黑而未能见面。

【诉讼过程和结果】

北京市公安局朝阳分局于 2018 年 11 月对本案立案侦查，依法刑事拘留了李某某等 3 名犯罪嫌疑人，于同年 11 月以妨害信用卡管理罪向北京市朝阳区人民检察院提请逮捕 3 名犯罪嫌疑人，案件受理后，承办检察官审阅了案卷，分别讯问了 3 名犯罪嫌疑人，经审查后认为现有证据证明李某某的行为触犯《刑法》第 177 条之一的规定，涉嫌妨害信用卡管理罪，采取取保候审强制措施，不能防止社会危险性发生，有逮捕必要。根据《中华人民共和国刑事诉讼法》第 81 条之规定，对李某某批准逮捕；本案现有证据无法证实犯罪嫌疑人赵某某、张某某实施了妨害信用卡管理的行为，根据《中华人民共和国刑事诉讼法》第 90 条之规定，对赵某某、张某某以证据不足不予批准逮捕。

【主要问题】

1. 妨害信用卡管理秩序罪与其他犯罪的关系。
2. 共同犯罪中主观明知的辨析。

【指导意义】

一、妨害信用卡管理罪的认定

本罪其实属于一种控制性犯罪，就本案中，非法持有他人信用卡，往往是与其他犯罪相关联的，出于证据原因，其他证据并未查实，但非法持有他人信用卡的行为，必须得到处理。本案中李某某的行为被认定为妨害信用卡管理罪是准确的，但是在本案中，由于"猎鹰"等关键人物未到案，导致现有证据认定的事实与整个案件的客观事实存在一定的差异，抑或是李某某出于某些原因并未如实供述涉案银行卡的来源以及"猎鹰"的情况。在案的证据表明，李某某对从自己身上起获的信用卡持卡人并不认识，更谈不上存在委托保管等关系，信用卡卡主甚至不知道李某某所持有的信用卡的存在，但目前来看就李某某涉嫌妨害信用卡管理秩序罪的事实清楚，证据体系完备，符合妨害信用卡管理罪的犯罪构成。

本案中对李某某的行为适用的是《刑法》第 177 条第 2 款，即"非法持有他人信用卡，数量较大的"来进行认定，如前述所言，李某某的行为也即属于持有型的犯罪，通过深入探讨持有型犯罪的立法特点就会发现，持有型犯罪是基于刑事政策而设立的堵截式罪名，当我们能够证明其他犯罪成立的前提下，就不能以持有型犯罪论处，只有在不能证明其他犯罪成立的前提下，才能以持有型犯罪论处[1]，持有型犯罪则更多地为了体现刑事打击的政策和立法者的价值选择。就本案而言，李某某非法持有信用卡，也应当遵循持有型一般证明和认定原理，持有型犯罪往往和其他先行犯罪和后续犯罪组成一个犯罪群，持有型犯罪的证明内容要比其他先行犯罪和后续犯罪需要证明的内容要少。所以如果能够证明行为人是出于其他目的而持有他人信用卡，就应以其他相应的先行犯罪和后续犯罪论处，如果不能证明行为人是出于其他目的而持有他人信用卡，则认定为持有型犯罪。结合到本案中，并不能认定李某某的行为和"猎鹰"构成其他犯罪，如在后续侦查工作或者刑事审判工作中，能够将客观完成的犯罪事实进行表述，相关证据能够证明，需要放到一整个犯罪模型去对其定罪量刑，而用妨碍信用卡管理罪进行处置，也体现了分段打击，罚当其罪的特点。

因"猎鹰"等暂未到案，不能认定本案可能存在的洗钱、信用卡诈骗、

---

① 王明辉、刘芳：《妨害信用卡管理罪之若干问题探讨——对〈刑法修正案（五）〉之部分解读》，载李希慧、刘宪权主编：《中国刑法学年会文集》（2005 年度），中国人民公安大学出版社 2005 年版，第 817 页。

金融诈骗等相关犯罪事实的存在，本案证据取得合法，具有可采性，就应按照持有型犯罪的原则进行处理，因此李某某涉嫌妨害信用卡管理罪能够形成完整的证据体系，本案证据能够证明从李某某处起获的银行卡6张系他人信用卡，李某某不能说明来源。

需要注意的是，根据全国人民代表大会常务委员会《关于〈中华人民共和国刑法〉有关信用卡规定的解释》：全国人民代表大会常务委员会根据司法实践中遇到的情况，讨论了刑法规定的"信用卡"的含义问题，解释如下：刑法规定的"信用卡"，是指由商业银行或者其他金融机构发行的具有消费支付、信用贷款、转账结算、存取现金等全部功能或者部分功能的电子支付卡。本案起获的银行卡中有部分为借记卡，有部分为信用卡，根据相关的司法解释，所有具有上述功能卡片均应属于本罪中的信用卡，本案符合妨害信用卡管理罪的犯罪构成，且已经达到立案追诉标准。

二、共同犯罪中主观故意的认定

对于犯罪嫌疑人主观明知的辨析，除了在犯罪嫌疑人客观上、物理上实施的犯罪，如故意伤害罪、故意杀人罪可以通过客观证据进行印证之外，在类似犯罪中认定更加困难，需要从侦查阶段开始就注重证据的收集，如果收集不全面，仅从犯罪嫌疑人口供进行认定则有较大不确定性。本案中，共有3名犯罪嫌疑人，对其中的二人作出证据不足的不批准逮捕的决定主要出于两点考虑。

一是"猎鹰"未到案，且赵某某、张某某供述中均以为帮着李某某要钱，对于上述人员是否知晓李某某所持有信用卡不是正规途径，也即是李某某非法持有的主观明知的行为是存疑的，缺乏相关客观证据予以进行印证。从另一个角度而言，李某某的行为，即根据户籍等信息找到银行卡户主，采用利诱等方式引导银行卡户主去协助办理取现业务，如银行卡户主不愿意配合，极易造成非法拘禁等其他犯罪的情况，而报警人孙某某并未受到上述人员的高强度的人身控制，如果上述二名犯罪嫌疑人主观明知李某某的想法，应当采取行动胁迫银行卡户主采取行动，而本案证据显示并未有上述情况发生，因此可以从一定程度上印证上述犯罪嫌疑人赵某某、张某某不知道李某某的意图。

二是根据最高人民法院、最高人民检察院《关于办理妨害信用卡管理刑事案件具体应用法律若干问题的解释》第 2 条："明知是伪造的空白信用卡而持有、运输十张以上不满一百张的，应当认定为刑法第一百七十七条之一第一款第一项规定的'数量较大'；非法持有他人信用卡五张以上不满五十张的，应当认定为刑法第一百七十七条之一第一款第二项规定的'数量较大'。"本案涉案的 6 张银行卡，依照现有司法解释刚刚达到立案追诉的标准，且公安民警扣押冻结的银行卡均从李某某处起获，不涉及其余二人，在本案中，仅仅是跟随李某某去找人要钱，在共同犯罪中作用较小，且未造成其他严重后果。针对于此种情况，侦查机关往往通过口供进行突破，如犯罪嫌疑人在案发前达成攻守同盟，则很难被攻破，因此案件的处理也将陷入僵局，对此，应当在侦查和审查证据的角度下功夫，通过客观证据印证犯罪嫌疑人的主观情况。客观证据的收集可以围绕以下以几个方面：在抓捕 3 名犯罪嫌疑人时，依法扣押 3 名犯罪嫌疑人的手机，可以通过通话记录、手机短信、微信聊天记录等各个侧面找到突破口，同时对犯罪嫌疑人的手机中的支付工具进行侦查，如微信支付、支付宝等，是否有相关可疑资金流入流出，获取犯罪线索。另外一个方面，可以通过第三方证人证言、出行记录、住宿记录等印证犯罪嫌疑人加入犯罪的时间，其具体分工负责的内容印证犯罪嫌疑人是否对犯罪事实的内容主观明知，从而再去对犯罪嫌疑人进行有针对性的讯问，全面、及时、准确地收集客观证据，防止证据灭失和取证不到位的情况，从而能够更好地为今后的侦查工作做好准备。

【相关法律规定】

一、中华人民共和国刑法

第一百七十七条之一 有下列情形之一，妨害信用卡管理的，处三年以下有期徒刑或者拘役，并处或者单处一万元以上十万元以下罚金；数量巨大或者有其他严重情节的，处三年以上十年以下有期徒刑，并处二万元以上二十万元以下罚金：

（一）明知是伪造的信用卡而持有、运输的，或者明知是伪造的空白信用卡而持有、运输，数量较大的；

（二）非法持有他人信用卡，数量较大的；

（三）使用虚假的身份证明骗领信用卡的；

（四）出售、购买、为他人提供伪造的信用卡或者以虚假的身份证明骗领的信用卡的。

二、全国人民代表大会常务委员会关于《中华人民共和国刑法》有关信用卡规定的解释

全国人民代表大会常务委员会根据司法实践中遇到的情况，讨论了刑法规定的"信用卡"的含义问题，解释如下：刑法规定的"信用卡"，是指由商业银行或者其他金融机构发行的具有消费支付、信用贷款、转账结算、存取现金等全部功能或者部分功能的电子支付卡。

三、最高人民法院、最高人民检察院《关于办理妨害信用卡管理刑事案件具体应用法律若干问题的解释》

第二条　明知是伪造的空白信用卡而持有、运输十张以上不满一百张的，应当认定为刑法第一百七十七条之一第一款第一项规定的"数量较大"；非法持有他人信用卡五张以上不满五十张的，应当认定为刑法第一百七十七条之一第一款第二项规定的"数量较大"。

（北京市朝阳区人民检察院第二检察部　王爱强）

三

保险诈骗罪

骗保案件中证据认定和认罪认罚从宽制度适用

——樊某某、马某某保险诈骗案

【关键词】

保险诈骗　认罪认罚　车险保险诈骗

【基本案情】

经审查认定：

犯罪嫌疑人樊某某、马某某（二人系夫妻）于 2016 年 4 月 6 日 2 时许，饮酒后，由樊某某驾驶车牌号为鲁×××××× 的蒙迪欧牌轿车（户名为马某某）由南向北行驶至北京市朝阳区四环辅路四惠桥时发生单方交通事故，并将隔离护栏撞倒，车辆损坏。樊某某随即电话找来老乡刘某某（男，26 岁，山东省人）冒充肇事司机，并隐瞒酒后驾车的事实。次日，三人来到交通部门解决事故（樊某某为全部责任）。马某某在明知樊某某系酒后驾车发生事故的情况下，仍隐瞒事实，向保险公司提出理赔。后中国人民财产保险股份有限公司向马某某账户支付保险金 2.7 万余元人民币。

2016 年 9 月 25 日二犯罪嫌疑人被查获归案，赃款已退赔。

【诉讼过程和结果】

北京市公安局朝阳分局于 2016 年 8 月 23 日 13 时许，接到刘某甲报警称：其工作单位中国人民财产保险股份有限公司北京分公司理赔事业部，被人以歪曲交通事故事实的方式保险诈骗27784.66元人民币。接到报警后，民民警调查发现马某某、樊某某有重大嫌疑，2016年9月25日北京市公安局朝阳分局对本案正式立案侦查。北京市公安局朝阳分局将犯罪嫌疑人樊某某、马某某涉嫌保险诈骗罪一案于2016年12月13日移送北京市朝阳区人民检察院审查起诉。经过审查，承办人认为犯罪嫌疑人樊某某、马某某的行为构成保险诈骗罪，但情节轻微，赃款已退赔，依法作相对不起诉的决定，二名犯罪嫌疑人对不起诉决定均无异议。

【主要问题】

保险诈骗罪中证据认定的标准。

【指导意义】

一、本案相对不起诉理由

（一）被不起诉人行为构成犯罪的认定

在案有犯罪嫌疑人樊某某、马某某的口供，二人供述车辆驾驶人樊某某系酒后驾车，发生事故后找人冒充驾驶员，隐瞒事实真相，索要保险理赔；被害单位的陈述，证明肇事车辆所有人及保险受益人为马某某，二人向保险公司提出理赔，并将赔偿金支付给马某某；证人刘某某证言，证实事故当天接到樊某某的电话，赶到事故现场并冒充肇事司机接受交警调查。同时，发现樊某某似饮酒状态。以及次日又去交管部门处理事故的经过；证人张某甲等人的证言，证实案发前樊某某来到喝酒的地点接马某某的情况；被害单位提供的马某某填写的保险索赔申请书等相关书证；银行交易记录；交警出警记录；事故认定书；事故现场照片；马某某家属退赔的书证；到案经过等。均能够证明犯罪嫌疑人樊某某系酒后驾驶机动车并发生事故。而车辆所有人马某某（即受益人）与肇事司机樊某某在明知该情形不属于保险理赔范围的情况下，仍隐瞒事实，共同实施诈骗行为，骗取保险金。

上述证据均产生于案件本身，具有客观性，并能证明案件相关事实，具有关联性；无刑讯逼供情况，排除非法证据、弱化瑕疵证据后其他证据形成证据链条，具有合法性。故，犯罪嫌疑人马某某、樊某某的行为触犯《刑法》第 198 条第 1 款第（二）项，构成保险诈骗罪，数额较大。

（二）对本案作出相对不起诉的理由

在审查过程中，有以下情况需要考虑：

1. 关于樊某某事发当晚是否饮酒的问题，证据尚未完全达到起诉标准：

第一，事发当晚，与樊某某、马某某一起吃饭的两名证人对于樊某某是否饮酒这一事实，均表示记忆不清，不能肯定。证人刘某某在事故现场，但其也是疑似樊某某是酒后，属于个人推断，没有客观证据。

第二，民警出警时没有对樊某某进行酒精呼气或血液检测，无法证实其饮酒。

2. 犯罪嫌疑人樊某某、马某某在到案后不能如实供述犯罪事实，在被刑拘后才供述犯罪事实，不属于自首，但家属已将赃款退赔。

3. 经释法说理，嫌疑人樊某某、马某某后于 2017 年 3 月 1 日已签署认罪认罚具结书。

二、保险诈骗罪中证据认定的标准

（一）关于犯罪主体的认定

依照《刑法》第 198 条之规定，本罪的主体系一般主体，自然人和单位均可成为本罪犯罪主体。由于法律明文规定的本罪主体为投保人、被保险人和受益人，需要明确此处的规定并非《刑法》条文对本罪主体规定的特殊身份，只是基于保险合同而存在的对于身份的术语表示。但在实际案件审理过程中，要注意《刑法》关于保险诈骗罪的 5 种表现形式，其犯罪行为不同，主体也并不相同。第一种行为为仅为虚构保险标的，故只有投保人方可为之；第二种行为以发生了保险事故为前提，行为人仅对保险事故的发生编造虚构原因或者夸大损失程度，故投保人、被保险人和受益人均可构成；第三种行为是虚构保险事故，财产险与人身险中均可发生，故犯罪主体与第二种行为相同；第四种行为仅限于财产险，因财产保险中被保险人就是受益人，这是由财产所有权固有特性所决定的，故犯罪主体不包括受益人；第五种行为发生在人身保险中，虽然也有被保险人为使受益人得到保险金而自杀的情况，但由于《刑法》并未规定自杀为犯罪，且自杀者本身也不能成为犯罪主体，故这类行为的主体，仅限于投保人和受益人，而不包括被保险人。[①]

至于保险人在本罪中的身份认定，《刑法》中并无明文规定，在《中华人民共和国保险法》（以下简称《保险法》）中，第116条规定："保险公司及其工作人员在保险业务活动中不得有下列行为：（一）欺骗投保人、被保险人或者受益人；（二）对投保人隐瞒与保险合同有关的重要情况。"在司法实践中，保险人参与保险诈骗活动的情形时有发生，因而认为应当将保险人也纳入保险诈骗罪的主体中。

《刑法》第198条第4款明确规定保险事故的鉴定人、证明人、财产评估人故意提供虚假的证明文件，为他人诈骗提供条件的，以保险诈骗的共犯论处。这些人如果进行了本款规定的违法行为，那么他们的行为就是保险诈骗中的一环，可以认定为共犯。

至于单位犯罪，由于第198条规定的情形中存在单位身份无法实施的犯罪行为，如故意杀人等，故而在面临这种情形时，应当对于单位追究保险诈骗罪的责任，对于该单位的主要负责人及其他直接负责人，则应当据案件实际情况，数罪并罚。

（二）关于犯罪行为的认定

《刑法》第198条规定了保险诈骗罪的5种情形，其中，第一种故意虚构保险标的的行为是行为人为了实施诈骗目的而设立保险合同关系，其他几种情形则存在为诈骗而设立保险合同关系或在依法设立保险合同关系后，在现实情况中决定实施诈骗行为的。在具体案例中，行为人可能只实施其中的一种方式，也可能将多种方式混合使用。总而言之，只要行为人

[①] 刘宪权：《保险诈骗罪疑难问题的司法认定》，载《浙江大学学报（人文社会科学版）》2008年第4期，第54—63页。

实施了法律规定情形中的任一种，即可构成本罪。对于不同的情形，认定方式如下：

1. 投保人故意虚构保险标的，骗取保险金的。

所谓"虚构保险标的"其实有两种解释，一种是狭义解释，认为所谓虚构标的是虚构一个根本不存在的保险对象与保险人订立保险合同；另一种是广义解释，认为虚构保险标的并不局限于保险标的不存在，也包括保险标的存在，但虚构者对与保险标的有关的一些重要事实不如实说明。笔者更倾向于广义解释，对于部分虚构的情形，只要该情况足以使保险人产生错误认识同意承保，就应当认定。

在此种解释下，以下几种情形就应当被认定为保险诈骗：

（1）空头投保。这种情形就是行为人针对财产保险编造了一个根本不存在的财产及其利益作为保险标的，或者使用与自身并无保险利益的标的虚报为与自身有保险利益的标的。因为按照我国《保险法》规定，投保人对保险标的应当具有保险利益，这种保险利益是指投保人对保险标的具有的法律上承认的利益，如果投保人对保险标的不具有保险利益的，保险合同无效。因而，无保险利益的标的应当归类为虚构标的。

（2）恶意重复投保与瑕疵投保。重复保险是指投保人对同一保险标的、同一保险利益、同一保险事故向二个以上保险人订立保险合同的保险。保险法并不禁止重复投保，但重复保险的投保人应当将重复保险的有关情况通知各保险人。

而在恶意重复保险的场合，行为人却故意隐瞒了重复保险的实情，不向各保险人履行通知义务，如此在发生保险事故后他就可能从数个保险人处得到全额赔偿，从而使得到的赔偿远远超过保险价值，这实际上就是将价值较小的保险标的虚构为价值较大的保险标的。

瑕疵投保是指将不符合保险合同要求的标的虚构为符合保险合同要求的标的而骗取保险金的行为。该行为在财产保险中主要体现为将处于危险状态下的财产投保，而人身保险中则多表现为隐瞒真实年龄或真实身体状况。

无论是恶意复保还是瑕疵投保，都符合诈骗罪隐瞒真相的特征，在对于

"虚构标的"的广义解释中，这两种行为均被包含。

（3）事后投保。所谓事后投保就是指在未投保的财产发生事故造成损失之后，隐瞒事故向保险人投保，用以骗取保险金。采取这种行为可以构成保险诈骗罪毋庸置疑，然而对于这种行为应当定性为"虚构保险标的"还是"编造未曾发生的保险事故"学界仍有争议。笔者认为，事后投保，表明事故已经实际发生，行为人所隐瞒的是事故发生的具体时间，而非不存在事故而编造未发生事故，因而这种情况归入虚构保险标的更为妥当。

（4）超额投保。超额投保的行为就是在投保时提供虚假的证明材料，虚报保险价值，以便在事后发生损失时得到高于保险财产价值的保险金。这也属于前文所述部分虚构保险标的的情形，是虚构部分的保险价值，因而虽然这类情形中存在保险标的，但是行为人投保的标的价值与标的的真实价值有差异，因此应当将这种行为认定为虚构标的骗取保险金的情形。

2. 投保人、被保险人或者受益人对发生的保险事故编造虚假的原因或者夸大损失的程度，骗取保险金的。

本项情形的基础是保险合同已经成立，行为人通过编造虚假事故原因的办法或发生事故后夸大损失的办法来骗取保险金。所谓保险事故则是指在保险合同约定范围内的事故，保险合同包括保险责任和免责条款，保险人只承担因保险责任范围内的原因引起的保险事故的赔偿责任。

编造保险事故的虚假原因就是投保人、被保险人或受益人在明知所发生的保险事故不属于保险合同规定的赔付范围，为了达到骗取保险金的目的，往往需要伪造证据，本案中嫌疑人就是如此，找到朋友来谎称是由朋友驾车来掩盖自己酒驾的事实，借以骗取保险金。

夸大损失的程度则比较好理解，即故意将事故的损失夸大，虚报实际损失以达到骗取更多保险金的目的。保险合同虽然保障的就是一种危险，然而这种危险的损失有正常损失的范围，应处在保险公司风险估计范围内。夸大损失程度来骗取保险金，也往往与伪造证据相关。在认定时要注意甄别证据，多方对比。

3. 投保人、被保险人或者受益人编造未曾发生的保险事故，骗取保险金的。

这种情形主要是投保人、被保险人或受益人在并未发生保险事故的前提下，编造发生保险事故，并使保险人产生错误认识，按照约定进行赔付。这种情况多见于编造根本不存在的保险事故骗保，即保险标的安然无恙，行为人编造保险事故进行骗保，或者的确发生了保险事故，亦属于合同约定的事故范围，然而并非被保险的标的发生事故，例如比如行为人拥有两辆牌子、型号、外观、颜色均相同的汽车，他只为其中一辆投保，缴纳一份保险费，当另一辆车发生事故后，他就通过调换车牌实施骗取保险金的行为。还有一种情况是在保险合同期限外，将合同期限外发生的事故编造为保险内发生的事故。

4. 投保人、被保险人故意造成财产损失的保险事故，骗取保险金的。

这种情形在车险理赔中很常见，即投保人、被保险人在保险合同期内，故意制造保险事故造成财产损失，从而使保险人产生错误认识，支付保险金。需要注意的是，在这种情形下，还存在保险损失已经发生或者仍在继续发生，但影响的范围有限，如果行为人积极施救，完全能够避免损失的扩大，但行为人为了多得保险赔偿而对之采取放任的态度，放任损失的发生与发展，甚至顺势增加一些加害行为，从而导致损失程度的扩大。这种情形主要是行为人通过作为或不作为来达到骗取保险金的目的，这从根本上不同于"夸大损失程度"的行为方式；本情形系对事故状态的改变而非仅虚构原因，因此不同于"虚构事故原因"的行为方式。本情形存在行为人在保险事故发生后增加加害行为扩大保险事故的可能，因此这种情况下属于保险事故部分正常，部分扩大；另外也存在行为人未采取必要措施导致保险事故扩大的情形，《保险法》规定被保险人在保险事故发生时有责任以尽力采取必要措施的方式减少损失的发生，因此如果行为人不作为而导致保险事故损失的扩大，亦符合"故意造成财产损失的保险事故"的法定要件。

5.投保人、受益人故意造成被保险人死亡、伤残或者疾病，骗取保险金的。

我国《保险法》规定："投保人对下列人员具有保险利益：（一）本人；（二）配偶、子女、父母；（三）前项以外与投保人有抚养、赡养或者扶养关系的家庭其他成员、近亲属；（四）与投保人有劳动关系的劳动者。除前款规定外，被保险人同意投保人为其订立合同的，视为投保人对被保险人具有保险利益。订立合同时，投保人对被保险人不具有保险利益的，合同无效。"正是基于这样的规定，投保人既可以为自己投保，约定自己为被保险人，近亲属为受益人，也可以为近亲属投保，而使其近亲属成为被保险人，自己为受益人。在这种情况下，就有人想要铤而走险，骗取高额保险金。他们故意在未发生保险事故的情况下，采取杀害、虐待、遗弃、伤害等方法故意制造事故致使被保险人死亡、伤残或罹患疾病，从而骗取保险金。我国《刑法》第198条第2款明文规定"有前款第四项、第五项所列行为，同时构成其他犯罪的，依照数罪并罚的规定处罚"。

在实践中，还存在投保人、受益人为骗取保险金故意教唆被保险人或逼迫被保险人自杀的情形，这种情况，也应当归入本项规定的行为之中。但是学界对于被保险人自己故意造成自己死亡、伤害或者疾病，希望通过这种手段使受益人得到保险金的情形，尤其是投保人与被保险人为同一人的情况下，亦即被保险人采用自损方式让他人获取保险金行为的定性上尚有争论。笔者认为，在投保人与被保险人为同一人，被保险人自损以骗取保险金的情况下，可以将其归为本法定行为项下。但如果投保人与被保险人不是同一人的情形下，如果被保险人自杀未遂或自残就不适宜作为保险诈骗罪处理，因为实际情况中该情形发生的几率较低，行为人的欺诈故意很难得逞。但如果被保险人自杀、自残的情形下投保人、受益人在明知且有能力救治的情形下故意不作为，导致被保险人死亡并骗取保险金的，需要追究投保人、受益人的刑事责任。

三、认罪认罚制度的适用

认罪认罚从宽制度改革是党的十八届四中全会作出的重大部署，为此，近年来相关司法改革措施频出：2014 年 6 月第十二届全国人大常委会第九次会议通过决定，授权最高人民法院、最高人民检察院在北京等 18 个地区开展刑事案件速裁程序试点工作；2016 年 7 月中央全面深化改革领导小组第二十六次会议审议通过《关于认罪认罚从宽制度改革试点方案》；同年 11 月，最高法、最高检、公安部、国家安全部、司法部联合印发《关于在部分地区开展刑事案件认罪认罚从宽制度试点工作的办法》，试点工作正式启动。2018 年《中华人民共和国刑事诉讼法》修订，更是将认罪认罚从宽制度直接写入法律，在修改的 26 项条文中，与认罪认罚从宽制度有关的就有 13 项，可见本制度的重要。

所谓认罪认罚从宽，是指犯罪嫌疑人、被告人自愿如实供述自己的犯罪，对于指控犯罪事实没有异议，同意检察机关的量刑意见并签署具结书的案件，可以依法从宽处理。认罪认罚从宽制度是对自愿认罪、真诚悔罪认罚的犯罪嫌疑人、被告人依法从宽处理的法律制度，是实体规范和程序保障一体构建的综合性法律制度。但是它并不是一味从宽，对于罪大恶极，必须予以严惩的犯罪，例如手段残忍、社会影响恶劣、没有从宽余地的死刑案件等，如果从宽处理将明显违背公平正义和社会伦理底线，严惩犯罪比认罪认罚的意义更为重大，则不应当适用该制度。

本制度原则上没有限定适用的罪名和刑罚，犯罪嫌疑人、被告人具备以下条件，可以考虑适用认罪认罚从宽制度：

1. 自愿、如实供述自己的罪行，承认指控的犯罪事实

在实践中可以表现为坦白、自首或者当庭认罪，犯罪嫌疑人或被告人不仅要坦白案件事实，还要认识到自己的行为是犯罪，要真诚悔过，不再实施危害社会的行为。当然，承认指控的主要犯罪事实，仅在个别细节提出异议的，或者对犯罪事实没有异议，仅对行为性质提出辩解的，不影响"认罪"的认定。

2. 愿意接受处罚

这里所说的"处罚"是指刑罚，包含主刑和附加刑。这部分主要考察的是犯罪嫌疑人、被告人的悔罪态度和表现，是否能真诚悔罪，接受检察机关

的量刑建议，尽力退赃退赔都影响对其是否"认罚"的判断。如果仅在表面认罚，背后隐匿、转移财产，在有赔偿能力的前提下拒不退赃、退赔的均不能认定为真实的"认罚"。

需要注意的是，"从宽"并不意味着降低证据标准，办案中仍要加强事实认定，对证据进行严格审查，不得采取逼供、诱供等手段，坚持宽严相济、坚持罪责刑相适应、坚持证据裁判原则。同时要注意，这里的认罪认罚从宽需要保证是嫌疑人、被告人自愿，要强化认罪认罚自愿性审查，告知嫌疑人、被告人相关制度，保障其知情权，同时尊重案件事实，以事实为基础，进行严格审查。

本案中，犯罪嫌疑人樊某某、马某某的行为虽然构成犯罪，但在归案接受相关教育后，能够自愿认罪、悔罪，情节较轻，其家属积极将其二人犯罪所得全额退赔，符合认罪认罚从宽制度的适用条件，故检察机关对二人作出相对不起诉的决定。

【相关法律规定】

一、中华人民共和国刑法

第一百九十八条 有下列情形之一，进行保险诈骗活动，数额较大的，处五年以下有期徒刑或者拘役，并处一万元以上十万元以下罚金；数额巨大或者有其他严重情节的，处五年以上十年以下有期徒刑，并处二万元以上二十万元以下罚金；数额特别巨大或者有其他特别严重情节的，处十年以上有期徒刑，并处二万元以上二十万元以下罚金或者没收财产：

（一）投保人故意虚构保险标的，骗取保险金的；

（二）投保人、被保险人或者受益人对发生的保险事故编造虚假的原因或者夸大损失的程度，骗取保险金的；

（三）投保人、被保险人或者受益人编造未曾发生的保险事故，骗取保险金的；

（四）投保人、被保险人故意造成财产损失的保险事故，骗取保险金的；

（五）投保人、受益人故意造成被保险人死亡、伤残或者疾病，骗取保险金的。

有前款第四项、第五项所列行为，同时构成其他犯罪的，依照数罪并罚的规定处罚。

单位犯第一款罪的，对单位判处罚金，并对其直接负责的主管人员和其他直接责任人员，处五年以下有期徒刑或者拘役；数额巨大或者有其他严重情节的，处五年以上十年以下有期徒刑；数额特别巨大或者有其他特别严重情节的，处十年以上有期徒刑。保险事故的鉴定人、证明人、财产评估人故意提供虚假的证明文件，为他人诈骗提供条件的，以保险诈骗的共犯论处。

二、中华人民共和国保险法

第二十七条 未发生保险事故，被保险人或者受益人谎称发生了保险事故，向保险人提出赔偿或者给付保险金请求的，保险人有权解除合同，并不退还保险费。投保人、被保险人故意制造保险事故的，保险人有权解除合同，不承担赔偿或者给付保险金的责任；除本法第四十三条规定外，不退还保险费。保险事故发生后，投保人、被保险人或者受益人以伪造、变造的有关证明、资料或者其他证据，编造虚假的事故原因或者夸大损失程度的，保险人对其虚报的部分不承担赔偿或者给付保险金的责任。投保人、被保险人或者受益人有前三款规定行为之一，致使保险人支付保险金或者支出费用的，应当退回或者赔偿。

第五十六条 重复保险的投保人应当将重复保险的有关情况通知各保险人。重复保险的各保险人赔偿保险金的总和不得超过保险价值。除合同另有约定外，各保险人按照其保险金额与保险金额总和的比例承担赔偿保险金的责任。重复保险的投保人可以就保险金额总和超过保险价值的部分，请求各保险人按比例返还保险费。重复保险是指投保人对同一保险标的、同一保险利益、同一保险事故分别与两个以上保险人订立保险合同，且保险金额总和超过保险价值的保险。

第一百一十六条 保险公司及其工作人员在保险业务活动中不得有下列行为：

（一）欺骗投保人、被保险人或者受益人；

（二）对投保人隐瞒与保险合同有关的重要情况；

……

第一百七十九条 违反本法规定，构成犯罪的，依法追究刑事责任。

（北京市朝阳区人民检察院第二检察部 郭政宏）

四

虚开增值税专用发票罪

虚开增值税专用发票案件的认定标准

——董某某虚开增值税专用发票案

【关键词】

　　真实货物交易　　国家税款流失　　以骗税为目的

【基本案情】

　　经审查认定：

　　2013 年至 2016 年期间，犯罪嫌疑人董某某在北京某某科技有限公司任法人期间，自鹤山市大洋贸易有限公司及其关联公司取得已证实虚开增值税专用发票 8 张，涉及金额 50 余万元，税额 7 万余元，后被抓获。董某某在公安机关供述称，自己公司与鹤山市大洋贸易有限公司及其关联公司之间并无真实业务交易。自己先与对方公司签订合同，后通过公司账户向对方公司账户转账，转账金额为合同中约定的金额，等到合同在账面上履行完之后，对方通过个人账户给董某某的个人账户转合同金额 80% 的钱，其他 17% 是开增值税专用发票的税款，3% 是董某某给对方的好处费。虚开的增值税专用发票均被用以抵扣进项税额。公安机关认定进项税额均已于发票开具当月抵扣，成本均于当年结转。

【诉讼过程和结果】

　　北京市朝阳区人民检察院于 2018 年 11 月 7 日接到北京市公安局朝阳分

局以京公朝提捕字（2018）4365 号文书提请审查逮捕犯罪嫌疑人董某某涉嫌虚开增值税专用发票罪一案。2018 年 11 月 14 日，北京市朝阳区人民检察院以证据不足为由，决定不批准逮捕董某某。

【主要问题】

1. 虚开增值税专用发票罪主观上是否应具有骗取税款的目的？
2. 虚开增值税专用发票罪客观上是否需造成税款损失的后果？

【指导意义】

一、本案不批捕的理由

（一）是否有真实货物交易？

承办人认为，现有证据不能确实、充分地证明北京某某科技有限公司与鹤山市大洋贸易有限公司及其关联公司之间没有真实的货物交易。从犯罪嫌疑人的供述来看，董某某在公安机关和在检察机关的供述并不一致。其在公安机关认罪，供述称自己的北京某某科技有限公司与鹤山市大洋贸易有限公司及其关联公司之间并无真实业务交易。自己先与对方公司签订合同，后通过公司账户向对方公司账户转账，转账金额为合同中约定的金额，等到合同在账面上履行完之后，对方通过个人账户给董某某的个人账户转合同金额80% 的钱，其他 17% 是开增值税专用发票的税款，3% 是董某某给对方的好处费。董某某称，鹤山相关公司与自己联系的是一名"黄姓女子"，但目前该女子并不在案。董某某在检察机关捕前提讯时辩称，其所在的北京某某科技有限公司与鹤山市大洋贸易有限公司及其关联公司有真实交易往来，只是因为其进的货物有些系进口，而自己公司无进出口贸易资质，故委托鹤山市大洋贸易有限公司进行进出口贸易，而因货款已经支付给了境外卖方，故自己公司支付给鹤山市大洋贸易有限公司货款后，鹤山相关公司扣除相应的税点和手续费后将剩余款项打回自己账户。从调取的银行流水来看，侦查卷宗中仅调取了相关销售合同以及北京某某科技有限公司向鹤山市大洋贸易有限公司转账的凭证，卷中暂无鹤山市大洋贸易有限公司转回北京某某科技有限公司款项的相关证据。

本案中，现有证据不能确实、充分地证明北京某某科技有限公司与鹤山市大洋贸易有限公司及其关联公司之间没有真实的货物交易。因此，虚开增值税专用发票的前提无法确定。

（二）是否已抵扣税款，造成国家财产损失？

本案目前仅有朝阳区税务局出具的《北京某某科技有限公司与鹤山相关联公司增值税专用发票认证及申报情况》，证实北京某某科技有限公司与鹤山关联公司存在大量票据往来。但税务机关暂未出具税务认定报告，目前无法证实是否已抵扣税款。

二、虚开增值税专用发票的犯罪认定问题

增值税是以商品（含应税劳务）在流转过程中产生的增值额作为计税依据而征收的一种流转税。增值税是我国第一大税种，其征管问题越发举足轻重。本案董某某虚开增值税专用发票的证据不足，难以证实犯罪事实，承办人已从涉案发票是否属虚开、是否存在抵扣税款情况、有无真实交易等方面列明补充侦查提纲。基于对该案的理解和思考，笔者对虚开增值税专用发票犯罪进行了类案总结和分析。

（一）案件特点

1. 采取虚构合同、虚假交易的方式。虚开增值税专用发票涉案行为人大多采取双方签订虚假买卖合同，但无真实货物交易的方式进行犯罪。增值税专用发票的买方先通过公司账户将虚构合同约定的货款转入对方公司账户，卖方开具增值税发票并扣除好处费后，将剩余钱款转入购票人个人账户。

2. 卖票公司企业伪装、规模经营。虚开的增值税专用发票多来自"上游"具有一定规模的专门卖票公司。该类公司或直接以虚开税票为目的设立空壳公司，并不存在实际经营；或在成立之初存在实际经营，后在虚开税票的暴利引诱下，转变成以贩卖税票为主营业务；或者在真实交易中掺杂虚开税票，真假混合，给有关部门查处带来极大障碍。如本案中鹤山市相关联公司采用低价买入，高价卖出的方式，大肆虚开增值税专用发票80000余份，涉及全国26个省市，涉案企业1000余家，涉案金额近500亿元。

3. 中间人牵线搭桥、居间介绍。要购得虚开的增值税专用发票，往往需要通过"中间人"介绍才能接触到卖票公司。同时，"中间人"也会主动给卖票公司介绍业务"送来买卖"。这些"中间人"穿针引线、雁过拔毛，收取税票金额1%—3%甚至更高的"好处费"。

（二）虚开增值税专用发票是否要以骗税为目的？是否需造成税款损失的后果？

2018年12月4日，最高人民法院召开新闻发布会，发布人民法院充分发挥审判职能作用保护产权和企业家合法权益典型案例（第二批），其中张某某虚开增值税专用发票案对于指导全国法院在司法审判中按照罪刑法定、疑罪从无原则以发展的眼光看待民营企业发展中的不规范问题，具有重要的指导意义。该案中张某某为某龙骨厂的经营管理人，因该个体企业系小规模纳税人，无法为购货单位开具增值税专用发票，张某某遂借用其他企业名义代签合同、代收款并为自己企业开具增值税专用发票，虽然不符合当时的税收法律规定，但张某某并不具有偷逃税收的目的，其行为未对国家造成税收损失，不具有社会危害性。一审法院在法定刑之下判决其承担刑事责任，并依法逐级报请最高人民法院核准。最高法基于刑法的谦抑性要求认为，张某某以其他单位名义对外签订销售合同，由该单位收取货款、开具增值税专用发票，不具有骗取国家税款的目的，未对国家造成税收损失，其行为不构成虚开增值税专用发票罪，故撤销一审判决，将本案发回重审。最终，本案一审法院宣告张某某无罪。最高院的复核意见完善了本罪构成的主观目的要件及危害后果要件，即成立本罪主观上应具有骗取税款的目的，客观上需造成税款损失的后果。

1995年全国人大常委会作出《关于惩治虚开、伪造和非法出售增值税专用发票犯罪的决定》，对包括虚开增值税专用发票罪等危害国家税收犯罪予以了详细规定。全国人大常委会的立法宗旨，在该《决定》前言部分得以充分体现，即"为了惩治虚开、伪造和非法出售增值税专用发票和其他发票进行偷税、骗税等犯罪活动，保障国家税收"。该《决定》的条文内容，1997年修订后《刑法》的第3章第6节"危害税收征管罪"中予以全部继承。无论是从之前的全国人大常委会立法决定，还是之后的刑法规定，从立法目的及刑法体系角度考量，刑法第3章第6节危害税收征管罪的设立均是从保护国家税款这一角度出发，刑法之所以单独将虚开增值税专用发票罪设定罪名并配以无期徒刑法定刑，是由于虚开行为不仅违反了增值税专用发票的管理秩序，同时造成国家税款的流失。若将本罪简单理解为行为犯，不加区别是否造成税款损失一概定罪处罚，将违背罪责刑相适应的原则。

我国改革开放后的一段时期，社会主义市场经济制度不够完善，一些企业特别是民营企业发展有一些不规范行为。习近平总书记在2018年11月1日民营企业座谈会上强调，对一些民营企业历史上曾经有过的不规范行为，要以发展的眼光看问题，按照罪刑法定、疑罪从无的原则处理，让企业家卸下思想包袱、轻装前进。《中共中央国务院关于完善产权保护制度依法保护产权的意见》（以下简称《产权意见》）亦明确要求"严格遵循法不溯及既往、罪刑法定、在新旧法之间从旧兼从轻等原则，以发展眼光客观看待和依法妥善处理改革开放以来各类企业特别是民营企业经营过程中存在的不规范问题"。张某某虚开增值税专用发票案中，张某某借用其他企业名义为其自己企业开具增值税专用发票，虽不符合当时的税收法律规定，但张某某并不具有偷逃税收的目的，其行为未对国家造成税收损失，不具有社会危害性。一审法院在法定刑之下判决其承担刑事责任，并报最高人民法院核准。虽然对于本案判决结果，被告人并未上诉，但是最高人民法院基于刑法的谦抑性要求认为，本案不应定罪处罚，故未核准一审判决，并撤销一审判决，将本案发回重审。最终，本案一审法院宣告张某某无罪，切实保护了民营企业家的合法权益，将习近平总书记的指示和《产权意见》关于"以发展眼光客观看待和依法妥善处理改革开放以来各类企业特别是民营企业经营过程中存在的不规范问题"的要求落到实处。本典型案例对于指导全国法院在司法审判中按照罪刑法定、疑罪从无原则以发展的眼光看待民营企业发展中的不规范问题，具有重要的指导意义。

【相关法律规定】

一、中华人民共和国刑法

第二百零五条 虚开增值税专用发票或者虚开用于骗取出口退税、抵扣税款的其他发票的，处三年以下有期徒刑或者拘役，并处二万元以上二十万元以下罚金；虚开的税款数额较大或者有其他严重情节的，处三年以上十年以下有期徒刑，并处五万元以上五十万元以下罚金；虚开的税款数额巨大或者有其他特别严重情节的，处十年以上有期徒刑或者无期徒刑，并处五万元以上五十万元以下罚金或者没收财产。

单位犯本条规定之罪的，对单位判处罚金，并对其直接负责的主管人员和其他直接责任人员，处三年以下有期徒刑或者拘役；虚开的税款数额较大或者有其他严重情节的，处三年以上十年以下有期徒刑；虚开的税款数额巨大或者有其他特别严重情节的，处十年以上有期徒刑或者无期徒刑。

虚开增值税专用发票或者虚开用于骗取出口退税、抵扣税款的其他发票，是指有为他人虚开、为自己虚开、让他人为自己虚开、介绍他人虚开行为之一的。

二、2001年10月17日最高人民法院关于对《审计署关于咨询虚开增值税专用发票罪问题的函》的复函（法函〔2001〕66号）

地方税务机关实施"高开低征"或者"开大征小"等违规开具增值税专用发票的行为，不属于刑法第二百零五条规定的虚开增值税专用发票的犯罪行为，造成国家税款重大损失的，对有关主管部门的国家机关工作人员，应当根据刑法有关渎职罪的规定追究刑事责任。

三、2004年3月17日最高人民检察院法律政策研究室《关于税务机关工作人员通过企业以"高开低征"的方法代开增值税专用发票的行为如何适用法律问题的答复》（高检研发〔2004〕6号）

税务机关及其工作人员将不具备条件的小规模纳税人虚报为一般纳税人，

并让其采用"高开低征"的方法为他人代开增值税专用发票的行为，属于虚开增值税专用发票。对于造成国家税款损失，构成犯罪的，应当依照刑法第二百零五条的规定追究刑事责任。

（北京市朝阳区人民检察院第二检察部　王琇珺）

五

组织、领导传销活动罪

传销组织人数、层数标准适用及利诱性承诺行为界定

——陈某某、徐某某涉嫌组织、领导传销活动案

【关键词】

传销组织　层级　利诱性

【基本案情】

经审查认定：

赵某某、郭某某（二人均另案处理）系夫妻关系，为从事某某公司销售业务，二人共同设立了北京某健康管理有限公司。根据郭某某供述，2017年12月，赵某某与某科技有限公司洽谈其他业务的时候，某科技有限公司正好有一个某快付App软件需要推广提高注册量，某科技有限公司就委托赵某某对某快付App进行推广。自2017年12月起，赵某某作为广华自然公司负责人，郭某某作为广华自然公司讲师，开始以广华自然公司名义对外签订推广协议，通过建立微信群宣传讲课等方式推广某快付App。

犯罪嫌疑人陈某某、徐某某系夫妻关系，陈某某2011年来京后在某某公司做销售工作。根据陈某某、徐某某供述，2017年底，赵某某、郭某某找到陈某某，向其推荐某快付App激活码推广业务，并与其签订了《某科技有限（北京）服务产品推广协议书》。协议甲方为某健康管理有限公司，乙方为推广人。该协议称，某快付App，是一款"生态系统商城"，或者叫聚合支付。

通过 App 激活码方式激活服务。某快付 App 主要用于收付款，具有类似支付宝的功能。某快付 App 下有"新快生态"，包括"新快商城"和线下实体以及"新快生态链"，商城中销售日用品等。根据相关宣传材料，某科技有限公司声称某快付 App 具有利率低、风险小、适用于储蓄卡及信用卡、方便套现等优点。赵某某称注册某快付 App 需要推介人，且费率较高，如果使用激活码进行注册就可以使用某快付 App 的低费率服务。某快付 App 激活码除了支付功能之外，还能在商城上出售商品。没有某快付 App 激活码只能上 App 上购买商品，不能出售商品，也不能上传图片。

按照推广协议，个人通过购买某快付 App 激活码进入公司认可的新人、黄金、钻石、天使、经理、总监、董事层级。某快付 App 激活码单个售价为 390 元，购买 20 个新快付 App 激活码成为"经理"级别，单个售价 190 元，利润 3800 元；购买 60 个某快付 App 激活码成为"总监"级别，单个售价 140 元，利润 14400 元；购买 600 个某快付 App 激活码成为"董事"级别，单个售价 110 元，利润 162000 元。职位为终身制，不降级。除销售某快付 App 激活码的利润外，经理、总监、董事的收益，主要来源于推荐他人成为不同级别获取的提成奖金。具体来说，经理推荐经理奖励 100 元，经理推荐总监奖励 300 元，经理推荐董事奖励 6000 元，总监推荐总监奖励 600 元，总监推荐董事奖励 9000 元，董事推荐董事奖励 12000 元，再推荐二级董事奖励 6000 元，再推荐三级董事奖励 3000 元。每层级不限人数，可拿三级奖金。购买某快付 App 激活码按照协议约定转账给某科技有限公司指定账户，奖金也从该公司获得。此外，还有某科技有限公司指定的新快付奖励计划，分为金牌董事、铂金董事、钻石董事、皇冠董事、荣耀董事，对应的奖励为旅游、现金、车辆等。

推广协议签订后，陈某某、徐某某成为郭某某的下级董事，并积极发展下线。根据陈某某供述，徐某某建立了名为"某快付六群"的微信群用于发展下线，群里有 400 余人，其中有 10 余人从事销售、推广某快付 App 激活码。赵某某、郭某某和陈某某都曾在微信群中讲课，介绍某快付 App，吸引成员购买微信激活码。后因某快付 App 激活码销售不畅，提成奖金无法兑现，多名下线向北京市公安局朝阳分局报案。目前在案共有报案人 30 名，涉及案件金额 150 余万元。其中，陈某某、徐某某下级报案人共计 16 名。

【诉讼过程和结果】

北京市公安局朝阳分局于 2018 年 11 月 19 日以陈某某、徐某某涉嫌组织、领导传销活动罪向北京市朝阳区人民检察院提请审查逮捕。北京市朝阳区人民检察院经审查认为，陈某某、徐某某为郭某某、赵某某下级董事，负责发展下线，在自行成立的微信群中进行宣传、培训活动，在传销活动中起组织领导作用，但没有证据证明二人在涉案公司中单独或辅助赵某某、郭某某进行宣传，因此二人仅能对本人及以下的人员负责。其下级报案人员仅有 16 人，未达到司法解释规定的 30 人定罪标准。综合本案情况，北京市朝阳区人民检察院于 2018 年 11 月 26 日对犯罪嫌疑人陈某某、徐某某作出证据不足不批准逮捕的决定。

【主要问题】

1. 成立传销组织的人数、层数标准如何理解与适用？

2. 传销活动中的提成、奖金等利诱性承诺与非法吸收公众存款中的利诱性承诺如何区分？

【指导意义】

一、本案不批捕理由

（一）我国刑事法规关于认定组织、领导传销活动罪的审查标准

根据 2013 年《关于办理组织领导传销活动刑事案件适用法律若干问题的意见》的规定，传销活动是指以推销商品、提供服务等经营活动为名，按照一定顺序组成层级，直接或间接以发展人员的数量作为计酬或返利依据，引诱、胁迫参加者继续发展他人参加，骗取财物，扰乱经济社会秩序的活动。传销组织内部参与传销活动人员在 30 人以上且层级在 3 级以上的，应当对组

织者、领导者追究刑事责任。该司法解释同时界定了传销活动组织者、领导者的范围，包括：1.在传销活动中起发起、策划、操纵作用的人员；2.在传销活动中承担管理、协调等职责的人员；3.在传销活动中承担宣传、培训等职责的人员；4.曾因组织、领导传销活动受过刑事处罚，或者1年以内因组织、领导传销活动受过行政处罚，又直接或间接发展参与传销活动人员在15人以上且层级在3级以上的人员；5.其他对传销活动的实施、传销组织的建立、扩大等起关键作用的人员。

根据前述规定，成立组织、领导传销活动罪，通常认为应当符合以下要件：1.构成传销组织，并开展传销活动；2.属于传销组织、传销活动中的组织者、领导者。换言之，只有在认定成立传销组织的基础上，才能对传销组织中的组织者、领导者追究刑事责任。

（二）陈某某、徐某某涉嫌组织、领导传销活动案的性质认定

1.现有证据不足以认定构成组织、领导传销活动罪

本案案发后至审查逮捕阶段，共有30余名下线人员向北京市公安局朝阳分局报案并提供证据证明参加了赵某某、郭某某以涉案公司名义组织的传销活动，且人员层级已达到4层，符合了司法解释规定的30人且3层的认定标准，足以认定为传销组织。赵某某、郭某某作为涉案公司的实际控制人，某快付App激活码推广活动的发起人，更是相关培训活动的宣传者、组织者，认定为该传销活动的组织者、领导者不存在疑问。

本案的难点是，报案人员中在公安机关直接或间接指认陈某某、徐某某为上线的仅有16人，且截至审查批捕阶段并无增加。从全案来看，赵某某、郭某某发展的下线人员达到了30人4层，而陈某某、徐某某作为赵某某、郭某某下线，其发展的下线人员仅有16人3层，并未达到司法解释规定的30人且3层的认定标准。为了正确认定陈某某、徐某某是否成立组织、领导传销活动罪，就必须准确理解2013年《关于办理组织领导传销活动刑事案件适用法律若干问题的意见》规定3层30人的入罪标准的含义。

传销活动犯罪属于涉众型经济犯罪案件，本身有其特殊性。除组织者、领导者等对传销活动或组织有重大影响的小部分人员外，传销活动或组织的

一般参加者虽然参与了犯罪活动，但其本身也是受骗者、受害者。因此，对于传销活动的一般参与者，应当坚持刑法谦抑性的基本原则，贯彻宽严相济的刑事政策，坚持责任主义要求，避免打击面过宽的问题。传销组织通常呈现金字塔型结构，且较大的传销组织多由多个较小的部分构成，这就决定了组织者、领导者的概念具有相对性。对于位于金字塔架构中间位置的传销人员来说，相对于传销活动的最高组织者、领导者来说，仅仅是下线的地位；而相对于其个人发展的下线成员来说，其又可能居于上级的优越地位，在获得了最高组织者、领导者授权或任命的情况下，这些中层人员可能就成为了次一级的组织者、领导者，对于其管理的下级人员发挥重要作用。

组织者、领导者概念的相对性，决定了在适用司法解释规定的30人且3级的入罪标准时，应当坚持职级与人数相一致的原则。具体来说，应当在确定职级的基础上，正确计算下线人数。本案中，陈某某、徐某某作为赵某某、郭某某的下级，以广华自然公司名义积极发展下线推广某快付App激活码，并建立微信群用以联络、宣传和培训，共计发展下线十余人，也已经达到了3层的层级关系，但其直接或间接发展的下线人数仅有16人。因此，相对于下线来说，陈某某、徐某某并未达到传销组织30人3层的入罪标准。

根据《关于办理组织领导传销活动刑事案件适用法律若干问题的意见》的规定，除在传销活动中起发起、策划、操纵作用的人员外，在传销活动中承担管理、协调、宣传、培训等职责或者对于传销活动的实施、传销组织的建立、扩大等起关键作用的人员也可认定为传销活动的组织者、领导者。就本案来说，虽然陈某某、徐某某发展的下线人员人数不足以认定为传销组织，但整体上赵某某、郭某某发展的下线已有30余人4层的规模，能够认定为传销组织，如果陈某某、徐某某对于该传销组织发挥了前述司法解释中规定的重要功能或作用，那么就可能被认定为整个传销活动的组织者、领导者。

从现有证据来看，陈某某、徐某某不足以被认定为该传销活动整体上的组织者、领导者。首先，赵某某、郭某某以广华自然公司名义发展了多个下线，陈某某、徐某某并非唯一下线，对于成员发展不可能发挥决定性作用；其次，赵某某、郭某某的下线成员都建立了微信群进行宣传、培训，陈某某、徐某某建立的仅是"某快付六群",不是唯一或关键性的宣传途径;再次,陈某某虽然曾在"某快付六群"中讲课宣传,但其本人供述和郭某某供述能够印证,涉案公司的讲师是郭某某,陈某某、徐某某均未在涉案公司开展针对全部新下线人员的宣传培训活动;最后,没有证据能够证明,陈某某、徐某某在广华自然公司传销组织的成立、发展过程中发挥过其他关键性作用。

综上,遵循职级与人数相一致的认定原则,陈某某、郭某某虽然曾建立微信群积极推广某快付 App 激活码,在微信群内开展宣传活动,但二人发展下线人员不足 30 人,不是传销活动的发起人、策划人,在传销活动也未承担承担管理、协调、宣传、培训等职责或者对于传销活动的实施、传销组织的建立、扩大等起关键作用,难以界定为传销活动的组织者、领导者,现有证据不足以认定成立组织、领导传销活动罪。

2. 难以认定构成非法吸收公众存款罪

本案审查过程中,有一种观点认为,陈某某、徐某某可能涉嫌非法吸收公众存款罪。理由是陈某某、徐某某通过建立微信群发展下线,实际上发挥了以传销形式为某科技有限公司公开募集资金的作用。本案中,某科技有限公司建立的奖励机制,包括旅游、现金、车辆等,其本质上是通过发展下线的高额回报,吸引公众成为会员,因而兼具传销和非法吸收公众存款的特征。因人数不符合传销活动的入罪标准时,可以以非法吸收公众存款罪进行惩处。

非法吸收公众存款罪,属于非法集资犯罪中的一种。1999 年,中国人民银行第 41 号文件《中国人民银行关于取缔非法金融机构和非法金融业务活动有关问题的通知》明确规定了非法集资犯罪的概念与特征。2010 年 12 月最高人民法院《关于审理非法集资刑事案件具体应用法律若干问题的解释》第 1 条第 1 款规定,"违法国家金融管理法律规定,向社会公众(包括单位和个人)吸收资金的行为,同时具备下列四个条件的,除刑法另有规定的以外,应当认定为刑法第一百七十六条规定的'非法吸收公众存款或变相吸收公众存款':(一)未经有关部门批准或者借用合法经营的形式吸收资金;(二)通过媒体、推介会、传单、手机短信等途径向社会公开宣传;(三)承诺在一定期限内以货币、实物、股权等方式返本付息或者给付回报;(四)向社会公众即社会不特定对象吸收资金。"

根据前述定义，成立非法吸收公众存款罪，应当具备非法性、公开性、利诱性、社会性等特征，与组织、领导传销活动罪有着明显不同的构成要件。但非法吸收公众存款行为本身具有不可预测性，呈现出多样化、复合化的特点，使得非法吸收公众存款罪与非法经营罪等罪名之间，难以截然划分出相应的"楚河汉界"。组织、领导传销活动罪是《刑法修正案（七）》增设的罪名，该罪名增设前，对于传销活动构成犯罪的，根据最高人民法院2001年《关于情节严重的传销或者变相传销行为如何定性的批复》的规定，按照非法经营罪予以论处。可见，组织、领导传销活动罪本身与非法经营罪有着密切的联系，与非法吸收公众存款罪的界限也就自然不会泾渭分明，在构成要件上也不可避免地有重合之处。司法实践中，司法机关也时常在区分非法吸收公众存款罪和组织、领导传销活动罪的适用上产生模糊、分歧之处，例如2012年判决的"东方森茂案"一案中，人民法院在如何适用非法吸收公众存款罪和组织、领导传销活动罪上就经历了多次讨论才最终确定。再如2014年珠海市的哈斯根金融集团一案中，对于主犯胡某某，香洲区人民法院一审以组织、领导传销活动罪判处胡某某有期徒刑6年，胡某某随即提起上诉。珠海市中级人民法院经过审理认为，胡某某虽然设置了管理奖等奖励吸收投资，但并不具备"直接或间接以发展人员的数量作为返利依据"的核心特征，传销形式只是用以拉拢投资的促销手段。因此，二审判决胡某某构成非法吸收公众存款罪，判处有期徒刑4年。可见，区分非法吸收公众存款罪和组织和领导传销活动罪是难点，也是准确适用罪名的关键点。

综上，只有准确区分非法吸收公众存款罪和组织、领导传销活动罪，才能保证法律适用正确，实现罚当其罪。非法吸收公众存款和传销活动，都是涉众型经济犯罪活动，自然都具有非法性、社会性、公开性的特点。但在犯罪构成要件上，仍有明显不同之处。

从主观层面上看，非法吸收公众存款罪的犯罪主体，是不具有公开吸收资金资格的单位和个人，非法公众存款行为，就个体角度而言，是单个借贷关系的集合体，本身不具有违法性，犯罪主体不具有非法占有目的。只是因犯罪主体不具有公开向社会吸收资金的金融资质，违反了金融管理的法律法规，是典型的法定犯。而组织、领导传销活动罪，通过发展下线即拉人头的方式向下级人员收缴费用，谋取非法利益。下级上交的各种形式的费用构成了上级人员的主要收入来源，更是传销组织不断扩张的动力，传销组织者、领导者的非法占有目的从一开始就是具有确定性的，

从客观层面上看，非法吸收公众存款罪以非法吸收公众存款或变相吸收公众存款的行为为规制对象，这一行为具有非法性、利诱性、社会性、公开性的特征。如前文所述，涉众型经济犯罪活动，普遍具有非法性、社会性、公开性的特征。相较于其他涉众型经济犯罪，非法吸收公众存款行为的显著特征在于其利诱性，即犯罪主体对于投资人作出的利诱性承诺。既然是吸收或变相吸收存款的行为，就必须具有类似于银行存款的保本付息的特点。换言之，成立非法吸收公众存款行为，要求犯罪主体对投资群体作出直接或间接的保本付息的利诱性承诺。非法吸收公众存款案件中，犯罪主体承诺的返利高低不一，形式各异，但无一例外都具有保本的确定性，保本付息的利诱性承诺可以说是非法吸收公众存款行为的标志性特征之一。与大量非法吸收公众存款的案件相似，传销活动也时常以高额的报酬利益为诱饵吸引人员加入，直接或间接以发展人员的数量或者销售业绩为利益计算依据。非法吸收公众存款活动中的投资人通常是与犯罪主体签订借款协议、投资协议或者居间服务协议。协议成立并生效后，投资人并未取得主体构成人员的资格，尽管部分案件中投资人享有会员权利和资格，但始终不是犯罪主体的业务员和工作人员。根据协议约定，投资人取得了犯罪主体保本付息的利诱性承诺。然而，传销活动中的下线参与人员通常是以缴纳一定数量的费用取得了传销活动中的成员资格，上线人员尽管也会以高额收益为诱饵，但通常不会做出保本付息的承诺。这种区别是由传销活动的性质所决定的，成员的收益主要取决于发展下线人员的业绩多少，不可能获得类似于非法吸收公众存款中的保本付息的承诺。综上所述，就客观要件来说，在非法吸收公众存款活动中，投资人通过投资获得保本付息的利诱性承诺，无需其他行为即可根据协议约定获得固定收益；而在传销活动中，参与者通过缴纳费用取得成员地位，获

得发展下线的资格，但能否取得收益及取得收益的多少，还需要根据其发展下线的情况来确定。

因此，根据主客观相一致的原则，区分非法吸收公众存款罪和组织、领导传销活动罪应当根据是否成立传销组织、是否取得成员资格、是否取得保本付息的利诱性承诺进行判断。

陈某某、徐某某一案中，根据赵某某、郭某某的供述，某科技有限公司组织进行某快付 App 的推广活动，共成立了 4 个团队负责推销某快付 App 激活码，赵某某负责的是北京地区的推广，赵某某、郭某某以涉案公司的名义组织传销，属于以合法形式掩盖非法目的，其目的是利用公司合法外壳，掩盖传销组织的本质。根据《某科技有限（北京）服务产品推广协议书》的规定，个人通过购买某快付 App 激活码进入公司认可的新人、黄金、钻石、天使、经理、总监、董事层级。这种层级显然是一种成员资格，而且会对其收益产生决定性影响。例如，经理级别每推荐一个董事可获奖励 6000 元，总监级别每推荐一个董事可获奖励 9000 元，董事级别每推荐一个董事可获奖励 12000 元。这种层级关系的确定取决于个人购买某快付 App 激活码的数量。在逐利性的驱使下，新参与人员大多数都直接购买到了董事级别。根据前述协议内容，可以发现下线人员取得级别后，还需要推荐其他人购买取得相应级别才能获得收益，不存在保本付息的利诱性承诺，符合的是传销组织直接或间接以发展人员多少为报酬计算依据的核心特征。因此，根据本案证据审查情况，应当认定陈某某、徐某某的行为不符合非法吸收公众存款罪的构成要件。

综合上述分析，陈某某、徐某某虽然参与了涉案公司组织的某快付 App 激活码的传销活动，发展下线人员不足 30 人，现有证据不足以达到组织、领导传销活动罪的入罪标准，也不符合非法吸收公众存款罪的构成要件。因此，北京市朝阳区人民检察院经过审查，根据《中华人民共和国刑事诉讼法》的规定，以证据不足对犯罪嫌疑人陈某某、徐某某决定不批准逮捕。

二、案件特点

（一）借助合法公司外壳，掩盖传销非法目的

陈某某、徐某某涉嫌组织、领导传销活动一案中，赵某某、郭某某以广华自然公司的名义对外经济推广。该公司登记注册为健康管理公司，但在成立后没有实际业务，专门用于传销活动，属于典型的以合法形式掩盖非法目的。而且，本案中传销参与人员通过认购某快付 App 激活码取得的董事、经理、总监等级别，在概念上本属于公司的高级管理人员，这种概念包装的方式增强了传销活动本身的隐蔽性。但实际上这些所谓的董事、监事、总监，并不具备参与公司经营管理的职能和权限，而只是一种披上了公司外衣的成员资格。根据 1999 年 6 月 25 日最高人民法院《关于审理单位犯罪案件具体应用法律有关问题的解释》第 2 条的规定，个人为进行违法犯罪活动而设立的公司、企业、实业单位实施犯罪的，不以单位犯罪论处。

（二）搭乘互联网时代移动支付便车，更具隐蔽性、欺骗性

在"互联网 +"时代，传销犯罪呈现也借力互联网，摇身一变呈现出"互联网 +"涉众型犯罪。传统传销是以发展人员数量、收取入门费用、认购事务产品等方式，吸引社会人员加入，构建上下层级网络。对于以实物销售为特征的传统传销模式，随着立法跟进、政府打击、普法教育的进步，普通民众已经产生了一定程度的识别能力。目前，借助互联网工具，以广告点击、网络营销、电子商务等新型网络传销更具隐蔽性、欺骗性。相较于传统传销，"互联网 +"时代的新型传销不再强调商品的实物属性，代之以虚拟物品，传销载体逐渐高端化、互联网化，从传统的保健品、化妆品等实体商品逐渐进化为新兴产业、电子商务、互联网金融等虚拟投资。

陈某某、徐某某涉嫌组织、领导传销活动一案中，传销载体是某快付 App 激活码。随着支付宝、财付通等第三方支付工具的兴起，移动支付成为近年来引起广泛关注的概念。某快付 App 激活码正是利用移动支付概念新颖、高端的特点，使得群众对于这一传销载体缺乏辨识能力，从而误导、引诱其参加传销活动。这种借助新型概念的传销手段，欺骗性明显增强。

（三）利用社交软件进行宣传、推广，增加取证难度

在"互联网+"时代，传销载体升级的同时，传销活动的宣传手段也在发生变化。社交软件的高度发达提供给传销组织者更为便捷的发展下线途径，传销活动宣传模式网络化、虚拟化、社交化，更加超越时间和空间的局限，便于形成跨地域性传销组织，受害者人数、范围不断扩大，相关部门查处难度也不断提高。

本案中，某科技有限公司、赵某某与郭某某、陈某某与徐某某分别建立了不同层级的微信群，用以宣传产品、培训人员，吸引新人员成为下线。微信群无需审批，成立简单，运行自由，不需要房租、生活费等各种支出，违法成本低。同时，加入传销的方式也更为便捷。传统传销，受骗人员一般为识别能力较差的老年人。但随着传销的社交化发展，越来越多的年轻人参与其中。由于主要运用微信群进行联络，成员发展情况主要表现为微信群人数的增加。发生案件后，只要解散微信群即可导致成员人数等关键信息的灭失，为司法机关的案件侦破和审查都带来了全新的挑战。

（北京市朝阳区人民检察院第二检察部　王利平　北京市人民检察院第四检察部　陈方兴）

六

非法经营罪

销售盗版图书定性及办案程序分析

——赵某某非法经营案

【关键词】

盗版图书　侵犯著作权　非法经营　扣押

【基本案情】

经审查认定：

犯罪嫌疑人赵某某以自己名下北京某某文化发展公司的名义，在北京市朝阳区王四营乡南花园村贩卖图书，该公司已经取得中华人民共和国出版物经营许可证。2018年11月21日16时许，北京市文化执法总队、朝阳区文化委员会执法队会同北京市朝阳公安分局治安支队前往北京市朝阳区王四营乡南花园村联合执法，发现赵某某有经营盗版图书的嫌疑，遂对其行政执法，后在工作中发现可能涉嫌刑事犯罪，将本案移送北京市公安局朝阳分局立案侦查，在赵某某处起获图书总共29195册，经北京市新闻出版局鉴定，其中11975册为非法出版物，赵某某对扣押的图书没有异议，其供述称其将上述图书通过微店等途径向社会公开零售，但辩解称不知道图书为盗版图书。

【诉讼过程和结果】

北京市公安局朝阳分局于2018年11月15日对本案立案侦查，于同日将赵某某刑事拘留，于同年12月25日向北京市朝阳区人民法院提请批准逮捕犯罪嫌疑人赵某某，经北京市朝阳区人民检察院审查，认为犯罪嫌疑人赵某某非法经营的犯罪事实证据不足，作出不批准逮捕的决定，赵某某被取保候审。

【主要问题】

1. 赵某某的行为定性分析。
2. 侦查机关在办案中应当注意的几个问题。

【指导意义】

一、本案的定性分析

本案审查的过程中，涉及此罪与彼罪的辨析。在办案过程中，有两种观点。第一种观点认为赵某某通过网络、微信销售被鉴定为非法出版物的图书，符合《中华人民共和国刑法》（以下简称刑法）第 217 条第 2 项"发行他人作品"，根据"两高一部"《关于办理侵犯知识产权刑事案件适用法律若干问题的意见》第 12 条第 2 款的规定，非法出版、复制、发行他人作品，侵犯著作权构成犯罪的，按照侵犯著作权罪定罪处罚，不认定为非法经营等其他犯罪；第二种观点认为赵某某的行为符合最高人民法院《关于审理非法出版物刑事案件具体应用法律若干问题的解释》中第 11 条规定的，"违反国家规定，出版、印刷、复制、发行本解释第一条至第十条规定以外的其他严重危害社会秩序和扰乱市场秩序的非法出版物，情节严重的，依照刑法第二百二十五条第（三）项的规定，以非法经营罪定罪处罚。"

笔者基本认同第二种观点，理由如下：

本案中，公安机关到北京市新闻出版局鉴定取证后，根据国务院《出版管理条例》第 2 条、第 9 条、第 29 条规定，可以判断涉案图书均为非法出版物。国务院《出版管理条例》第 2 条：在中华人民共和国境内从事出版活动，适用本条例。本条例所称出版活动，包括出版物的出版、印刷或者复制、进口、发行。本条例所称出版物，是指报纸、期刊、图书、音像制品、电子出版物等。第9条：报纸、期刊、图书、音像制品和电子出版物等应当由出版单位出版。本条例所称出版单位，包括报社、期刊社、图书出版社、音像出版社和电子出版物出版社等。法人出版报纸、期刊，不设立报社、期刊社的，其设立的报纸编辑部、期刊编辑部视为出版单位。第29条：任何单位和个人不得伪造、假冒出版单位名称或者报纸、期刊名称出版出版物。因此鉴定出涉案的书籍为非法出版物。

二、公安机关办理案件应当注意的几个问题

1. 办理扣押时应当严格遵守办案规范

需要指出的是，在办理类似制假、售假类的案件中，需要着重注意物证、书证的来源合法性，取证应当严格按照取证规范进行。物证的取得相对于言词证据取得形式上更加容易，但是在取证过程中应当严格遵守相关规定，尤其是在本类犯罪中，在案多少册图书属于定罪证据，只有数量达到立案追诉标准，才能适用刑法进行规制，数量不断累加才能升档进行处罚，且一旦在案证据发生污染，如本案扣押的图书，如与其他图书发生混同，则会失去证明效力，被当作非法证据排除。而在实务中，较多存在公安机关在犯罪嫌疑人不在场清点物证、不按照办案规范制作法律手续的情况，物证的收集和保存出现混同，在制假或者售假类犯罪中，使得对相关物证进行真伪鉴定失去了依据，从而导致整个案件不能顺利办结，影响了对此类犯罪的打击效果。在有条件的情况下建议对扣押的过程使用执法记录仪等手段同步录音录像，记录清点、扣押的过程，保证相关物证或者见证人在场，确保扣押程序合法。

2. 做好刑事案件和行政执法程序衔接工作，遵循证据转化规定

本案的处理应当严格遵守《人民检察院刑事诉讼规则（试行）》中关于行政证据转化为刑事证据的规定。本案中，行政机关在执法办案中收集的物证也即扣押的赵某某处的图书等证据材料，可以作为刑事证据使用，公安机关也依法办理了扣押手续。而言词证据必须重新调取，在审查证据时应当审查主体的合法性和证据收集过程的合法性。行政机关在执法和查办案件过程中的言词证据应当依照刑事诉讼法的规定重新进行收集，言词证据既包括犯罪

嫌疑人的供述，也应当包括证人证言等内容，需要注意的是，言词证据转化遵循的是一般要求，但是如果相关人员因路途遥远、死亡、失踪或者丧失佐证证据无法重新收集，但是供述、证言或者陈述来源、收集程序合法、并且有其他证据能够印证的，经审查符合法定要求的，可以作为证据使用。

三、犯罪嫌疑人主观明知的认定

认定犯罪嫌疑人的主观不应当单纯依赖口供，而应当通过客观证据进行印证。以本案为例，能够证明犯罪嫌疑人赵某某主观明知贩卖图书为盗版的证据较弱，理由如下：其一，赵某某在公安机关就一直称自己不知道销售的是盗版图书，在检察机关的讯问中，其供述称其进货渠道是微信上的人，预定之后送过来。且赵某某具有销售图书的资质。其二，涉案图书的价格并不明显低于市场价，以《数学帮帮忙》25 册图书为例，标价 225 元，从一个微信名标记"马××马×朋友"处进货，进货价 46 元一套（2.04 折），销售 60 元（包邮）一套，而京东和淘宝也有不少商家将该套书的销售价格定在55—60 元之间。其三，从赵某某处起获的 29000 余册图书中，有 17220 册没有鉴定意见，证明上述图书是否系正版不明确，如果上述图书系正版，那么认定赵某某主观明知是盗版图书或非法出版物而销售就更加困难。其四，赵某某持有相关主管机关发布的中华人民共和国出版物经营许可证，其经营的图书并不是类似无证游商式的经营，其销售的图书有正版图书，因此，不能排除其不能认知的可能性，因此，从有利于犯罪嫌疑人的原则出发，对其作出存疑不起诉的处理。

【相关法律规定】

一、中华人民共和国刑法

第二百一十七条 以营利为目的，有下列侵犯著作权情形之一，违法所得数额较大或者有其他严重情节的，处三年以下有期徒刑或者拘役，并处或者单处罚金；违法所得数额巨大或者有其他特别严重情节的，处三年以上七年以下有期徒刑，并处罚金：

（一）未经著作权人许可，复制发行其文字作品、音乐、电影、电视、录像作品、计算机软件及其他作品的；

（二）出版他人享有专有出版权的图书的；

（三）未经录音录像制作者许可，复制发行其制作的录音录像的；

（四）制作、出售假冒他人署名的美术作品的。

第二百二十五条　违反国家规定，有下列非法经营行为之一，扰乱市场秩序，情节严重的，处五年以下有期徒刑或者拘役，并处或者单处违法所得一倍以上五倍以下罚金；情节特别严重的，处五年以上有期徒刑，并处违法所得一倍以上五倍以下罚金或者没收财产：

（一）未经许可经营法律、行政法规规定的专营、专卖物品或者其他限制买卖的物品的；

（二）买卖进出口许可证、进出口原产地证明以及其他法律、行政法规规定的经营许可证或者批准文件的；

（三）未经国家有关主管部门批准非法经营证券、期货、保险业务的，或者非法从事资金支付结算业务的；

（四）其他严重扰乱市场秩序的非法经营行为。

二、最高人民法院、最高人民检察院、公安部《关于办理侵犯知识产权刑事案件适用法律若干问题的意见》

十二、关于刑法第二百一十七条规定的"发行"的认定及相关问题。"发行"，包括总发行、批发、零售、通过信息网络传播以及出租、展销等活动。非法出版、复制、发行他人作品，侵犯著作权构成犯罪的，按照侵犯著作权罪定罪处罚，不认定为非法经营罪等其他犯罪

三、最高人民法院、最高人民检察院《关于办理侵犯知识产权刑事案件具体应用法律若干问题的解释（二）》

第一条　以营利为目的，未经著作权人许可，复制发行其文字作品、音乐、电影、电视、录像作品、计算机软件及其他作品，复制品数量合计在

五百张（份）以上的，属于刑法第二百一十七条规定的"有其他严重情节"；复制品数量在二千五百张（份）以上的，属于刑法第二百一十七条规定的"有其他特别严重情节"。

第二条　刑法第二百一十七条侵犯著作权罪中的"复制发行"，包括复制、发行或者既复制又发行的行为。

（北京市朝阳区人民检察院第二检察部　王爱强）

七

职务侵占罪

批捕案件的定性对案件处理结果的影响

——邢某甲、马某某职务侵占案

【关键词】

合同诈骗 职务侵占 定性 批准逮捕 不批准逮捕

【基本案情】

经审查认定：

2018年4月案发之时，广州某科技有限公司的股东为马某某（占股49%）、某甲（北京）科技有限公司（占股51%），其中某甲（北京）科技有限公司为某科技控股有限公司（香港）的全资子公司。

犯罪嫌疑人邢某甲系某科技控股有限公司（香港）副总裁，广州某科技有限公司监事。犯罪嫌疑人马某某系广州某科技有限公司总经理、实际经营人。犯罪嫌疑人邢某乙系北京某文化传播有限公司合伙人。2016年，邢某甲通过业务关系认识邢某乙。2017年，邢某甲将马某某介绍给邢某乙认识，马某某和邢某乙曾有过游戏配音、音像和配乐业务上的合作。

2018年4月，犯罪嫌疑人邢某甲指使马某某利用其担任广州某科技有限公司总经理的职务便利，利用其财务审批权等权力，虚构广州某科技有限公司与北京某文化传播有限公司签订《委托创作合同》，该份美术外包合同的金额为100万元人民币，犯罪嫌疑人邢某甲意图将广州某科技有限公司100万元合同款据为己有。

合同签订后广州某科技有限公司通过公司账户于 2018 年 4 月、6 月、8 月分 3 次向北京某文化传播有限公司账户共计支付创作费 100 万元人民币，北京某文化传播有限公司在扣除 7% 的税点后，将剩余款项转入邢某乙个人账户，再由邢某乙将款项转入邢某甲及其父亲邢某丙的银行账户，犯罪嫌疑人马某某、邢某乙均未从中获利，合同款项均打入邢某甲及其父亲邢某丙的银行账户，上述《委托创作合同》约定的服务内容均未实际执行。

【诉讼过程和结果】

2018 年 11 月 9 日，马某某向北京市公安局朝阳分局报案称北京某文化传播有限公司以提供美术外包服务为由，与广州某科技有限公司签订《委托创作合同》，后被骗取设计费 100 万元。北京市公安局朝阳分局于 2018 年 11 月 15 日立案侦查，2018 年 12 月 12 日北京市公安局朝阳分局将犯罪嫌疑人邢某乙、马某某、邢某甲涉嫌合同诈骗罪一案移送北京市朝阳区人民检察院审查逮捕。经审查，北京市朝阳区人民检察院将该案定性为职务侵占罪，其中犯罪嫌疑人邢某甲、马某某二人的行为构成职务侵占罪的共犯，而现有证据则不足以证明邢某乙的行为构成职务侵占罪。北京市朝阳区人民检察院于 2018 年 12 月 19 日对犯罪嫌疑人邢某甲作出批准逮捕的决定，犯罪嫌疑人马某某无逮捕必要不予批准逮捕，因证据不足不予批准逮捕邢某乙。

【主要问题】

1. 批捕案件中如何认定"有证据证明有犯罪事实"？
2. 多人同案的批捕案件如何准确出具处理意见？

【指导意义】

一、逮捕案件的证明标准

《中华人民共和国刑事诉讼法》第 81 条规定，对有证据证明有犯罪事实，可能判处徒刑以上刑罚的犯罪嫌疑人、被告人，采取取保候审尚不足以防止发生下列社会危险性的，应当予以逮捕。根据上述规定，逮捕必须同时具备证据条件、刑罚条件和必要性条件。具体来说：

首先，证据条件是指有证据证明有犯罪事实，也即犯罪嫌疑人必须"够罪"。根据《人民检察院审查逮捕质量标准》第 2 条的规定，"有证据证明有犯罪事实"是指同时具备下列情形：（1）有证据证明发生了犯罪事实。犯罪事实既可以是单一犯罪行为的事实，也可以是数个犯罪行为中任何一个犯罪行为的事实；（2）有证据证明犯罪事实是犯罪嫌疑人实施的。（3）证明犯罪嫌疑人实施犯罪行为的证据已有查证属实的。逮捕不同于定罪量刑，逮捕的证明标准低于定罪的证明标准，不要求证明犯罪嫌疑人实施犯罪行为的所有证据都已查证属实，只要求有证据已被查证属实即可。

其次，刑罚条件是指可能判处徒刑以上刑罚，该规定可以反映出犯罪的严重程度。根据我国刑法的有关规定，基于已有证据所证明的犯罪事实，初步判定犯罪嫌疑人、被告人可能被判处有期徒刑以上的刑罚，而不是可能被判处管制、拘役、独立适用附加刑等轻刑或者可能被免除刑罚的，才符合逮捕条件中的刑罚条件。

再次，采取取保候审、监视居住等方法，尚不足以防止发生社会危险性，而有逮捕必要的。由于逮捕是最严厉的强制措施，只有在确有必要时才可以适用。即使犯罪嫌疑人、被告人符合上述两项条件，但采取取保候审或者监视居住足以防止其危害社会的，即为无逮捕必要，则不应逮捕。关于"有逮捕必要"，最高人民检察院和公安部于 2001 年 8 月 6 日联合发布的《关于依法适用逮捕措施有关问题的规定》第 1 条第 2 项规定，具有下列情形之一的，即为"有逮捕必要"：（1）可能继续实施犯罪行为，危害社会的；（2）可能毁灭、伪造证据、干扰证人作证或者串供的；（3）可能自杀或者逃跑的；（4）可能实施打击报复行为的；（5）可能有碍其他案件侦查的；（6）其他可能发生社会危险性的情形。该条还规定，对有组织犯罪、黑社会性质组织犯罪、暴力犯罪和多发性犯罪等严重危害社会治安和社会秩序以及可能有碍侦查的犯罪嫌疑人，一般应予逮捕。

可见，逮捕的上述 3 个条件相互联系、缺一不可。犯罪嫌疑人、被告人只有同时具备这3个条件，才能对其逮捕。尤其是证据条件，这也是逮捕的基础性条件。只有严格掌握逮捕的适用条件，才能够防止错捕和滥捕现象的发生。

此外，依据法律规定，对应当逮捕的犯罪嫌疑人、被告人，如果患有严重疾病，或者是正在怀孕、哺乳自己婴儿的妇女，可以采用取保候审或者监视居住的方法。这一例外规定既是人道主义精神的体现，同时也是保护人权的体现。

二、邢某甲、马某某职务侵占案的性质认定

（一）全案不构成合同诈骗罪

依据《刑法》第224条的规定，合同诈骗罪是指以非法占有为目的，在签订、履行合同过程中，采取虚构事实或者隐瞒真相等欺骗手段，骗取对方当事人的财物，数额较大的行为。

从本罪的构成要件上来讲，本罪侵犯的客体为复杂客体，既侵犯了合同一方当事人的财产所有权，又侵犯了市场秩序。从司法实践的角度来看，利用经济合同欺诈的行为主要有以下几种表现形式：无合法经营资格的一方当事人与另一方当事人签订买卖或承揽合同，骗取定金、预付款或材料费；利用中介机构签订转包合同骗取定金或预付款；虚构建筑工程或转包建筑工程合同，骗取工程预付款；双方当事人串通利用合同将国有或集体财产转移或据为己有；本无履约能力，弄虚作假，蒙骗他人签订合同，或是约定难以完成的条款，当对方违约后向其追偿违约金等。所以，合同诈骗直接使他方当事人的财产减少，侵害了他方当事人的所有权，同时，合同诈骗对社会主义市场交易秩序和竞争秩序也造成了极大的妨害。

本罪在客观方面表现为在签订、履行合同过程中，虚构事实、隐瞒真相，骗取对方当事人财物，且数额较大的行为。对于以签订合同的方法骗取财物的行为，认定行为人是否虚构事实或隐瞒真相，关键在于查清行为人有无履行合同的实际能力。具体来说，包括以下几方面内容：1.行为人根本不具备履行合同的实际能力；2.采取欺骗手段；3.使与之签订合同的人产生错误认

识；4.被骗人自愿地与行为人签订合同并履行合同义务，交付财物或者行为人（或第三人）直接非法占有他人因履约而交付的财物。

本罪的主体是一般主体，凡达到刑事责任年龄且具有刑事责任能力的自然人均能构成本罪，单位亦能成为本罪主体。本罪是在合同的签订和履行过程中发生的，主体是合同的当事人一方。

本罪主观方面只能是故意的，并且具有非法占有公私财物的目的。行为人主观上没有上述诈骗故意，只是由于种种客观原因，导致合同不能履行或所欠债务无法偿还的，不能以本罪论处。行为人主观上的非法占有目的，既包括行为人意图本人对非法所得的占有，也包括意图为单位或第三人对非法所得的占有。

具体到本案，公安机关将本案移送检察机关审查逮捕时犯罪嫌疑人邢某甲等3人涉及的罪名为合同诈骗罪，但是经核实报案笔录发现，嫌疑人马某某在向公安机关报案时谎称广州某科技有限公司与北京某文化传播有限公司签订金额为100万元的《委托创作合同》，合同约定北京某文化传播有限公司为广州某科技有限公司提供美术外包服务，嫌疑人马某某称签约后广州某科技有限公司分三次共计支付创作费100万元，但是付款后北京某文化传播有限公司一直未开展合同约定的工作，且经核实，发现北京某文化传播有限公司注册地址和实际办公地址均没有找到这家公司，于是向公安机关报案。

经审查认定，该案系犯罪嫌疑人邢某甲意图将广州某科技有限公司的100万元据为己有，指使下属马某某通过广州某科技有限公司和北京某文化传播有限公司签订虚假的《委托创作合同》，在广州某科技有限公司支付合同款后，由北京某文化传播有限公司合伙人邢某乙将合同款分批次转至嫌疑人邢某甲及其父亲的银行账户。犯罪嫌疑人马某某、邢某乙均未实际获利。该案中，签订合同系邢某甲非法占有公司钱款的手段行为，马某某对邢某甲占有广州某科技有限公司财产的行为均知情，作为广州某科技有限公司总经理的马某某对于公司支出100万元的费用均予以签字确认，在主观上配合了邢某甲占有公司的钱款，邢某乙称之所以同意签订该虚假合同是因为邢某甲的合伙人汤某某的安排，称汤某某让其利用公司帮忙走账，并开具100万元的发票，对邢某甲占有这 100 万钱款的行为不知情。所以，该案中在签订、履行合同过程中，并不存在采取虚构事实或者隐瞒真相等欺骗行为，客观方面不符合合同诈骗罪的构成要件，故本案不构成合同诈骗罪。

（二）邢某甲、马某某构成职务侵占罪

根据《刑法》第 271 条的规定，职务侵占罪是指公司、企业或者其他单位的人员，利用职务上的便利，将本单位财物非法占为己有，数额较大的行为。

从构成要件上来讲，本罪侵犯的客体是公司、企业或者其他单位的财产所有权。职务侵占罪侵犯的对象是公司、企业或者其他单位的财物，包括动产和不动产。所谓"动产"，不仅指已在公司、企业、其他单位占有、管理之下的钱财（包括人民币、外币、有价证券等），而且也包括本单位有权占有而未占有的财物，如公司、企业或其他单位拥有的债权。

本罪在客观方面表现为利用职务上的便利，侵占本单位财物，数额较大的行为，具体而言，包括以下 3 个方面：1. 所谓利用职务上的便利，是指利用职权及与职务有关的便利条件。职权，是指指本人职务、岗位范围内的权力，与职务有关的便利条件，是指虽然不是直接利用职务或岗位上的权限，但却利用了本人的职权或地位所形成的便利条件，或通过其他人员利用职务或地位上的便利条件。包括：（1）利用自己主管、分管、经手、决定或处理以及经办一定事项等的权力；（2）依靠、凭借自己的权力去指挥、影响下属或利用其他人员的与职务、岗位有关的权限；（3）依靠、凭借权限、地位控制、左右其他人员，或者利用对己有所求人员的权限，如单位领导利用调拨、处置单位财产的权力；出纳利用经手、管理钱财的权利；一般职工利用单位暂时将财物，如房屋等交给自己使用、保管的权利等。2. 必须有侵占的行为。本单位财物，是指单位依法占有的全部财产，包括本单位以自己名义拥有或虽不以自己名义拥有但为本单位占有的一切物权、无形财物权和债权。其具体形态可是建筑物、设备、库存商品、现金、专利、商标等。所谓非法占为己有，是指采用侵吞、窃取、骗取等各种手段将本单位财物化为私有，既包括将合法已持有的单位财物视为己物而加以处分、使用、收藏及变持有为所有的行为，如将自己所占有的单位房屋、设备等财产等谎称为自有，标价出售；将所住的单位房屋，过户登记为己有；或者隐匿保管之物，谎称已被盗窃、遗失、损坏；等等，又包括先不占有单位财物但利用职务之便而骗取、窃取、侵吞、私分从而转化为私有的行为。3. 必须达到数额较大的程度。如果仅有非法侵占公司、企业及其他单位财物的行为，但没有达到数额较大的标准，则也不能构成本罪。至于数额较大的起点数额，参照最高人民法院《关于办理违反公司受贿、侵占、挪用等刑事案件适用法律若干问题的解释》之规定，是指侵占公司、企业等单位财物 5000 元至 2 万元以上的。

本罪主体为特殊主体，包括公司、企业或者其他单位的人员。如股份有限公司、有限责任公司的董事、监事，他们是公司的实际领导者，具有一定的职权，当然可以成为本罪的主体。

本罪在主观方面是直接故意，且具有非法占有公司、企业或其他单位财物的目的。即行为人妄图在经济上取得对本单位财物的占有、收益、处分的权利。至于是否已经取得或行使了这些权利，并不影响犯罪的构成。

从本案来看，犯罪嫌疑人邢某甲系某某科技公司副总裁，广州某科技有限公司监事。犯罪嫌疑人马某某系广州某科技有限公司总经理、实际经营人。犯罪嫌疑人邢某乙系北京某文化传播有限公司合伙人。邢某甲以非法占有为目的，利用马某某作为广州某科技有限公司总经理的职务便利，虚构与邢某乙经营的北京某文化传播有限公司签订美术外包合同，后利用邢某乙公司开具相应发票，并将合同款在扣税后返还至其本人和其父亲的账户。

邢某甲和马某某二人系事前有通谋，有共同犯罪故意，在行为上相互配合，并最终达到犯罪既遂的目的。在共同犯罪中，邢某甲是指挥者、组织者和利益既得者；马某某因受制于邢某甲在某科技控股有限公司（香港）及广州某科技有限公司具有的职权及影响力，利用其职务上的便利参与了共同犯罪，帮助邢某甲将广州某科技有限公司的 100 万元据为己有，马某某系共同犯罪中的从犯。

所以，从该案的全案证据以及构成要件上来看，犯罪嫌疑人邢某甲、马某某的行为构成职务侵占罪，二人系共同犯罪。

三、全案处理意见

（一）对犯罪嫌疑人邢某甲批准逮捕

根据最高人民检察院、公安部发布的《关于经济犯罪案件追诉标准的规定》第 75 条的规定，公司、企业或者其他单位的人员，利用职务上的便利，将本单位财物非法占为己有，数额在五千元至一万元以上的，应予追诉。本案中，犯罪嫌疑人邢某甲职务侵占的数额为 100 万元，达到了刑事追诉的标准。此外，最高人民法院、最高人民检察院《关于办理贪污贿赂刑事案件适用法律若干问题的解释》第 11 条第 1 款的规定，"刑法第一百六十三条规定的非国家工作人员受贿罪、第二百七十一条规定的职务侵占罪中的'数额较大''数额巨大'的数额起点，按照本解释关于受贿罪、贪污罪相对应的数额标准规定的二倍、五倍执行。"因此本案中，犯罪嫌疑人邢某甲职务侵占的数额达到了巨大的标准，根据《刑法》第 271 条的规定，法定刑为处 5 年以上有期徒刑，可以并处没收财产。

因在本案中犯罪嫌疑人邢某甲是指挥者、组织者和利益既得者，其犯罪行为将会被判处有期徒刑以上刑罚，并有串供的可能性，采取取保候审不足以防止发生社会危险性。因此，综合全案证据，该案承办检察官依法对犯罪嫌疑人邢某甲作出批准逮捕决定。

（二）对犯罪嫌疑人马某某以无逮捕必要不批准逮捕

在职务侵占的共同犯罪中，犯罪嫌疑人马某某利用了其任广州某科技有限公司总经理一职的便利，虚构虚假的美术外包合同并对公司付款行为予以审批通过，但因马某某受制于邢某甲在某科技控股有限公司（香港）及广州某科技有限公司具有的职权及影响力，且马某某未从中获取任何利益，马某某在共同犯罪中系从犯。

最高人民检察院《审查逮捕证据参考标准（试行）》中规定，犯罪嫌疑人不具有不适合羁押的特殊情况之一是经济犯罪案件逮捕法人代表或其他骨干不可能严重影响企业合法的生产经营。根据该文件的精神，经济犯罪案件中如逮捕法人代表或其他骨干有可能影响企业合法生产经营的则可以考虑不予羁押。

该案中，犯罪嫌疑人马某某系从犯，且案发后被害公司对马某某出具了谅解书。此外，犯罪嫌疑人马某某系被害单位广州某科技有限公司的实际经营者，在公司正常经营中发挥重要作用，马某某行为虽涉嫌职务侵占罪，但综合考虑广州某科技有限公司的生产经营活动，按照中共中央、国务院《关于完善产权保护制度依法保护产权的意见》的要求，充分落实检察工作贯彻宽严相济的刑事政策，并从经济安全、公共利益、市场秩序等方面准确认定马某某的社会危险性，该案承办检察官认为对马某某无逮捕必要，采取取保候审足以防止社会危险性的发生，同时有利于保护各种所有制经济组织和公民财产权。

（三）对犯罪嫌疑人邢某乙以证据不足不批准逮捕

本案中，犯罪嫌疑人邢某乙称其签订虚假合同、代为走账系接收犯罪嫌疑人邢某甲的合伙人汤某某的指令，对邢某甲占有 100 万合同款的情况并不知情，对钱款的性质以及最终去向均不知情。嫌疑人邢某乙所称的汤某某目前并不在案，相关情况暂未得到核实。另外，在案嫌疑人邢某甲、马某某的稳定供述均称在签订合同的过程中都没有与邢某乙有直接的沟通，邢某甲称签订合同的均交由汤某某负责，马某某称合同模板系由其向邢某甲发送，但后期的具体均由公司行政人员配合。因此，在未向汤某某取证的情况下，现有证据不足以证明邢某乙明知邢某甲有将钱款最终非法据为己有的故意，所以在认定邢某乙构成职务侵占的共犯上证据不足。

此外，针对本案中邢某乙代为开具增值税专用发票的行为，因在司法实践中，虚开增值税专用发票罪要求行为人主观上具有逃税的故意，但本案中，邢某乙开具增值税专用发票的目的是记账，因此也无法认定邢某乙构成该罪。虚开发票罪的对象为增值税专用发票以外的发票，邢某乙开具增值税专用发票的行为亦不符合该罪的构成要件。

所以，本案中，现有证据不足以证明邢某乙的行为构成职务侵占罪、虚开增值税专用发票罪或虚开发票罪，不满足逮捕条件的"有证据证明有犯罪事实"，故对邢某乙作出存疑不批准逮捕的决定。

【相关法律规定】

一、中华人民共和国刑法

第二百零五条 虚开增值税专用发票或者虚开用于骗取出口退税、抵扣税款的其他发票的，处三年以下有期徒刑或者拘役，并处二万元以上二十万元以下罚金；虚开的税款数额较大或者有其他严重情节的，处三年以上十年以下有期徒刑，并处五万元以上五十万元以下罚金；虚开的税款数额巨大或者有其他特别严重情节的，处十年以上有期徒刑或者无期徒刑，并处五万元以上五十万元以下罚金或者没收财产。

第二百零五条之一 虚开本法第二百零五条规定以外的其他发票，情节严重的，处二年以下有期徒刑、拘役或者管制，并处罚金；情节特别严重的，处二年以上七年以下有期徒刑，并处罚金。单位犯前款罪的，对单位判处罚金，并对其直接负责的主管人员和其他直接责任人员，依照前款的规定处罚。

第二百二十四条 有下列情形之一，以非法占有为目的，在签订、履行合同过程中，骗取对方当事人财物，数额较大的，处三年以下有期徒刑或者拘役，并处或者单处罚金；数额巨大或者有其他严重情节的，处三年以上十年以下有期徒刑，并处罚金；数额特别巨大或者有其他特别严重情节的，处十年以上有期徒刑或者无期徒刑，并处罚金或者没收财产：

（一）以虚构的单位或者冒用他人名义签订合同的；

（二）以伪造、变造、作废的票据或者其他虚假的产权证明作担保的；

（三）没有实际履行能力，以先履行小额合同或者部分履行合同的方法，诱骗对方当事人继续签订和履行合同的；

（四）收受对方当事人给付的货物、货款、预付款或者担保财产后逃匿的；

（五）以其他方法骗取对方当事人财物的。

第二百七十一条 公司、企业或者其他单位的人员，利用职务上的便利，将本单位财物非法占为己有，数额较大的，处五年以下有期徒刑或者拘役；数额巨大的，处五年以上有期徒刑，可以并处没收财产。国有公司、企业或者其他国有单位中从事公务的人员和国有公司、企业或者其他国有单位委派到非国有公司、企业以及其他单位从事公务的人员有前款行为的，依照本法第三百八十二条、第三百八十三条的规定定罪处罚。

二、最高人民检察院、公安部《关于公安机关管辖的刑事案件立案追诉标准的规定（二）》

第八十四条 ［职务侵占案（刑法第二百七十一条第一款）］公司、企业或者其他单位的人员，利用职务上的便利，将本单位财物非法占为己有，数额在五千元至一万元以上的，应予立案追诉。

三、最高人民法院、最高人民检察院《关于办理贪污贿赂刑事案件适用法律若干问题的解释》

第十一条 刑法第一百六十三条规定的非国家工作人员受贿罪、第二百七十一条规定的职务侵占罪中的"数额较大""数额巨大"的数额起点，按照本解释关于受贿罪、贪污罪相对应的数额标准规定的二倍、五倍执行。

四、最高人民检察院审查逮捕证据参考标准（试行）

……

（2）犯罪嫌疑人不具有不适合羁押的特殊情况。

①犯罪嫌疑人未患有严重疾病或正在怀孕、哺乳自己婴儿，不属于未成年人、在校学生和年老体弱及残障。

②经济犯罪案件逮捕法人代表或其他骨干不可能严重影响企业合法的生产经营。

……

五、人民检察院审查逮捕质量标准

第一条 办理审查逮捕案件，应当依照刑法有关规定和刑事诉讼法第六十条规定的逮捕条件，对案件的事实和证据进行审查，作出批准逮捕或者不批准逮捕的决定。对于同时具备以下三个条件的犯罪嫌疑人，应当依法批准逮捕:(一)有证据证明有犯罪事实;(二)可能判处徒刑以上刑罚;(三)采取取保候审、监视居住等方法,尚不足以防止发生社会危险性,而有逮捕必要。

第二条 "有证据证明有犯罪事实",是指同时具备以下情形:(一)有证据证明发生了犯罪事实,该犯罪事实可以是单一犯罪行为的事实,也可以是数个犯罪行为中任何一个犯罪行为的事实;(二)有证据证明犯罪事实是犯罪嫌疑人实施的;(三)证明犯罪嫌疑人实施犯罪行为的证明已有查证属实的。

六、关于依法适用逮捕措施有关问题的规定

一、公安机关提请批准逮捕、人民检察院审查批准逮捕都应当严格依照法律规定的条件和程序进行。

(一)刑事诉讼法第六十条规定的"有证据证明有犯罪事实"是指同时具备以下三种情形:1.有证据证明发生了犯罪事实;2.有证据证明该犯罪事实是犯罪嫌疑人实施的;3.证明犯罪嫌疑人实施犯罪行为的证据已有查证属实的。

"有证据证明有犯罪事实",并不要求查清全部犯罪事实。其中"犯罪事实"既可以是单一犯罪行为的事实,也可以是数个犯罪行为中任何一个犯罪行为的事实。

(二)具有下列情形之一的,即为刑事诉讼法第六十条规定的"有逮捕必要":1.可能继续实施犯罪行为,危害社会的;2.可能毁灭、伪造证据、干扰证人作证或者串供的;3.可能自杀或逃跑的;4.可能实施打击报复行为的;5.可能有碍其他案件侦查的;6.其他可能发生社会危险性的情形。

对有组织犯罪、黑社会性质组织犯罪、暴力犯罪和多发性犯罪等严重危害社会治安和社会秩序以及可能有碍侦查的犯罪嫌疑人,一般应予逮捕。

(北京市朝阳区人民检察院第二检察部　晏行健)

八

非法控制计算机信息系统罪

无逮捕必要案件中的社会危险性如何判定

——聂某某非法控制计算机信息系统案

【关键词】

非法控制计算机信息系统罪　无逮捕必要　社会危险性　宽严相济

【基本案情】

经审查认定：

被告人聂某某是上海某科技有限公司原商业化业务线员工，2016年4月入职该公司任系统运维职务。2017年6月，聂某某同事向其提供一个用于测试CPU性能的链接，后聂某某发现该链接是门罗币的矿池地址，通过运行一个docker进程即可部署挖矿并借此获利。2017年7月，聂某某在个人电脑上先后使用其本人和同事孙某某的公司账户直接登录IDC服务器，通过该服务器控制电脑4000余台，并在服务器里运行docker进程，部署mtest等挖矿程序进行挖矿，到2018年2月份，被告人聂某某前后一共部署了公司350余台电脑进行挖矿。在公司任职期间，被告人聂某某共挖出门罗币（XMR）1000余个，被告人聂某某通过网络将门罗币变卖，获利68000元人民币。

该科技公司所属集团信息安全部发现该集团旗下mediav产品线大部分服务器存在CPU负载过高的现象，存在异常进程。经公司分析，该异常进程属于挖矿类程序，因为正常公司业务的内存占用率在20%—50%之间，而部署挖矿程序的服务器内存占用率在130%—150%之间，过高的内存占用率会严重影响正常业务的运行。该公司通过溯源分析，发现公司内部有两个账户通过 VPN 接入公司办公网络，且两个账号来源 IP 相同，并且以个人办公地址为跳板连接至两台 IDC 中转机，后利用这两台中转机在 128 台 IDC 服务器设备中部署挖矿程序进行挖矿。经公司进一步核实，该账户系公司 mediav 产品线的运营维护人员聂某某和孙某某。后该公司于 2018 年 4 月 17 日约谈聂某某，聂某某承认利用公司服务器开展挖矿的行为系其所为，用于登录挖矿的两个公司账户均由其一人控制。后被告人聂某某将挖矿获利的 68000 元人民币退赔给公司，公司将聂某某开除。

被告人聂某某从公司离职后，因和同事工作交接需要，在上海某网吧通过公司为员工办理的 VPN 账号访问公司内网，并登录 IDC 服务器查看挖矿程序是否还在运行，聂某某发现部分被防火墙隔离部分没有被隔离，但挖矿程序均被停止。聂某某出于侥幸和牟利心理，通过 VPN 将其在公司的账号切换至 rooter 这个最高权限，将被停止的挖矿程序远程开启。在其离职后，聂某某先后部署运行 3 次挖矿程序，控制公司 200 台电脑进行挖矿，到 2018 年 6 月底，聂某某又挖出门罗币 30 余枚。

聂某某原所属公司于 2018 年 6 月 2 日再次发现该行为系聂某某所为，于是向北京市公安局朝阳分局报案，被告人聂某某于 2018 年 8 月 30 日被公安机关抓获归案。后被告人聂某某于 2018 年 9 月 14 日退赔违法所得 30 万元至公司账户，该公司同日出具对聂某某的谅解书，希望司法机关对聂某某酌情从轻、减轻或免除处理。

【诉讼过程和结果】

北京某科技有限公司委托员工吴某某于 2018 年 8 月 15 日向北京市公安局朝阳分局报案，北京市公安局朝阳分局于 2018 年 8 月 16 日对聂某某非法控制计算机信息系统一案立案侦查，北京市公安局朝阳分局于 2018 年 9 月 28 日将聂某某涉嫌非法控制计算机信息系统罪一案提请北京市朝阳区人民检察院审查逮捕。北京市朝阳区人民检察院认为犯罪嫌疑人聂某某的行为触犯了《刑法》第 285 条第 2 款的规定，涉嫌非法控制计算机信息系统罪。鉴于犯罪嫌疑人聂某某系初犯,且退赔违法所得 30 万元并取得被害公司的谅解,认为无逮捕必要,于 2018 年 9 月 30 日作出不批准逮捕决定。

【主要问题】

1. 审查逮捕案件中,无逮捕必要的实质条件和标准怎么判定?
2. 逮捕条件中"社会危险性"如何认定?

【指导意义】

一、无逮捕必要的理论和法律依据

所谓逮捕,是指公安机关、人民检察院和人民法院,为了防止犯罪嫌疑人或者被告人实施妨碍刑事诉讼的行为,逃避侦查、起诉、审判或者发生社会危险性,而依法暂时剥夺其人身自由的一种强制措施。

根据 2018 年修正的《中华人民共和国刑事诉讼法》第 81 条的规定,"对有证据证明有犯罪事实,可能判处徒刑以上刑罚的犯罪嫌疑人、被告人,采取取保候审尚不足以防止发生下列社会危险性的,应当予以逮捕:(一)可能实施新的犯罪的;(二)有危害国家安全、公共安全或者社会秩序的现实危险的;(三)可能毁灭、伪造证据,干扰证人作证或者串供的;(四)可能对被害人、举报人、控告人实施打击报复的;(五)企图自杀或者逃跑的。"也即,逮捕犯罪嫌疑人必须同时具备证据条件、刑罚条件和必要性条件。可见,逮捕的性质,归根结底是通过国家权力和法律程序剥夺犯罪嫌疑人、被告人的人身自由,使犯罪嫌疑人、被告人处于被羁押的状态。

与之相反,关于不批准逮捕的性质则是通过国家权力和法律程序使不符合逮捕条件的犯罪嫌疑人、被告人不被羁押。关于不批准逮捕的适用情形,我国有诸多的法律法规对此予以细化。如根据最高人民检察院《人民检察院刑事诉讼规则(试行)》第 144 条的规定,"犯罪嫌疑人涉嫌的罪行较轻,且没有其他重大犯罪嫌疑,具有以下情形之一的,可以作出不批准逮捕的决定或者不予逮捕:(一)属于预备犯、中止犯,或者防卫过当、避险过当的;

（二）主观恶性较小的初犯，共同犯罪中的从犯、胁从犯，犯罪后自首、有立功表现或者积极退赃、赔偿损失、确有悔罪表现的；（三）过失犯罪的犯罪嫌疑人，犯罪后有悔罪表现，有效控制损失或者积极赔偿损失的；（四）犯罪嫌疑人与被害人双方根据刑事诉讼法的有关规定达成和解协议，经审查，认为和解系自愿、合法且已经履行或者提供担保的；（五）犯罪嫌疑人系已满十四周岁未满十八周岁的未成年人或者在校学生，本人有悔罪表现，其家庭、学校或者所在社区、居民委员会、村民委员会具备监护、帮教条件的；（六）年满七十五周岁以上的老年人。"

所以，根据我国刑事诉讼法和相关司法解释的规定，不批准逮捕可分为下列 3 种情形：

一是绝对不批准逮捕，即不构成犯罪的不批准逮捕。具体来说有以下几种情形：（1）未达到追诉标准；（2）犯罪主体不符合法律规定；（3）犯罪嫌疑人的行为显著轻微，危害不大，不认为是犯罪；（4）民事经济纠纷，不属于刑事案件。

二是存疑不批准逮捕，即案件事实不清、证据不足的不批准逮捕。具体来说有以下情形：（1）仅有犯罪嫌疑人的有罪供述，而无其他已查证属实的证据予以佐证的；（2）犯罪嫌疑人有罪和无罪的主要证据之间存在重大矛盾且难以排除的；（3）共同犯罪案件中，同案犯的供述存在重大矛盾，且无其他证据证明犯罪嫌疑人实施了共同犯罪行为的；（4）没有直接证据，而间接证据间又未能相互印证的；（5）证明犯罪的证据中，言词证据涉嫌采取刑讯逼供、暴力取证或者以威胁、引诱、欺骗等方法取得，依法予以排除后，其他证据不足以证明有犯罪事实的；（6）现有证据不足以认定犯罪嫌疑人主观方面符合犯罪构成要件的；（7）虽有证据证明发生了犯罪事实，但无证据证明犯罪事实是该犯罪嫌疑人所为的；（8）证明未成年犯罪嫌疑人在实施被指控的犯罪时达到刑事责任年龄的证据不足的，证明患有间歇性精神病的犯罪嫌疑人在实施被指控的犯罪时系精神正常的证据不足的。

三是相对不批准逮捕，即已构成犯罪，但没有逮捕必要的不批准逮捕。根据最高人民检察院 2010 年 8 月 25 日发布《人民检察院审查逮捕质量标准》

第6条的规定，"犯罪嫌疑人涉嫌的罪行较轻，且没有其他重大犯罪嫌疑，具有以下情形之一的，可以认为没有逮捕必要：（一）属于预备犯、中止犯、或者防卫过当、避险过当的；（二）主观恶性较小的初犯、偶犯，共同犯罪中的从犯、胁从犯，犯罪后自首、有立功表现或者积极退赃、赔偿损失、确有悔罪表现的；（三）过失犯罪的犯罪嫌疑人，犯罪后有悔罪表现，有效控制损失或者积极赔偿损失的；（四）因邻里、亲友纠纷引发的伤害等案件，犯罪嫌疑人在犯罪后向被害人赔礼道歉、赔偿损失，取得被害人谅解的；（五）犯罪嫌疑人系已满十四周岁未满十八周岁的未成年人或者在校学生，本人有悔罪表现，其家庭、学校或者所在社区以及居民委员会具备监护、帮教条件的；（六）犯罪嫌疑人系老年人或者残疾人，身体状况不适宜羁押的；（七）不予羁押不致危害社会或者妨碍刑事诉讼正常进行的其他无逮捕必要的情形。对应当逮捕的犯罪嫌疑人，如果患有严重疾病，或者是正在怀孕、哺乳自己婴儿的妇女，可以取保候审或者监视居住。"

由于本文主要分析无逮捕必要的具体适用，所以关于绝对不批准逮捕、存疑不批准逮捕情形的具体适用在此不予赘述。从上述规定可以看出，无逮捕必要实质上是采取取保候审、监视居住足以防止社会危险性的发生，因此，是否认定和适用无逮捕必要情形，本质上看是对犯罪嫌疑人社会危险性的判断。

司法实践中，无逮捕必要有其独立的存在意义，无逮捕必要的前提和基础是案件基本事实清楚、基本证据充分，只是考虑到嫌疑人的社会危险性而不批准逮捕。刑事诉讼法不仅是追究犯罪的有力工具，而且还是保障公民人权、抑制国家滥用刑罚权的重要法宝。此外，最高人民检察院于2006年12月28日发布《关于在检察工作中贯彻宽严相济刑事司法政策的若干意见》，其中第7条要求"严格把握'有逮捕必要'的逮捕条件，慎重适用逮捕措施。逮捕是最严厉的刑事强制措施，能用其他强制措施的尽量使用其他强制措施。审查批捕要严格依据法律规定，在把握事实证据条件、可能判处刑罚条件的同时，注重对'有逮捕必要'条件的正确理解和把握"。可见，无逮捕必要使犯罪嫌疑人暂时免于最严厉的刑事强制措施的限制，这既是贯彻"少捕"和

"慎捕"的刑事政策的具体体现，同时还做到了坚决打击犯罪和保护公民人权并重。

二、本案以无逮捕必要作出不批准逮捕决定的理由

本案中，嫌疑人聂某某违反国家法律规定，为牟取不正当利益，分两阶段非法侵入其任职公司计算机信息系统，控制公司 128 台服务器挖取门罗币，第一阶段为聂某某在公司任职期间，也即 2017 年 6 月至 2018 年 4 月，第二阶段为离职后的 2018 年 6 月至 7 月。犯罪嫌疑人聂某某的行为已经构成非法控制计算机信息系统罪，根据最高人民法院、最高人民检察院《关于办理危害计算机信息系统安全刑事案件应用法律若干问题的解释》第 1 条的规定，"非法控制计算机信息系统二十台以上的"即应当认定为《刑法》第 285 条第 2 款规定的"情节严重"，而根据《刑法》第 285 条第 2 款的规定，该罪情节特别严重的，依法可能判处 3 年以上 7 年以下有期徒刑，并处罚金。犯罪嫌疑人聂某某的法定刑虽不属于刑法规定的较轻的刑罚，但是该案承办检察官综合考虑犯罪嫌疑人聂某某具有以下情节，作出无逮捕必要的不批准逮捕决定。

1. 犯罪嫌疑人聂某某系初犯。聂某某 2016 年 4 月入职上海某科技有限公司任系统运维一职，2017 年 7 月份，聂某某开始利用公司的服务器进行挖矿。2018 年 4 月聂某某所属公司对其进行约谈，聂某某承认全部事实，并将其利用挖矿所获的 66000 元人民币退赔给公司，后公司将其开除。2018 年 6 月，聂某某利用工作交接的机会登录原公司服务器并控制部分服务器再次开展挖矿行为，直至案发。经查，犯罪嫌疑人聂某某没有犯罪的记录和历史，没有犯罪前科，此次非法控制计算机系统开展挖矿行为系其第一次犯罪，其利用公司服务器开展挖矿行为意在牟取不正当利益，主观恶性不大，且其所触犯的罪名也不属于刑法所规定的暴力性犯罪。犯罪嫌疑人聂某某系初犯的情节符合《人民检察院审查逮捕质量标准》第 6 条以及《关于在检察工作中贯彻宽严相济刑事司法政策的若干意见》第 7 条所列可以认为无逮捕必要的情形的规定。

2. 犯罪嫌疑人聂某某犯罪后具有认罪、悔罪表现，且积极退赔。2018 年 8 月 30 日，犯罪嫌疑人聂某某到案后，对其所从事的行为供认不讳，积极配合公安机关开展侦查活动，在其供述中多次表示自愿认罪认罚，并且对自己所从事的行为深感后悔，希望司法机关能够宽大处理。2019 年 9 月 14 日，聂某某家属代其退赔违法所得 30 万元至原任职公司的账户。在案证据还显示，嫌疑人聂某某在任职期间利用公司服务器挖矿被公司发现后，聂某某第一时间将违法所得 68000 元退赔公司。此外，聂某某系个人犯罪，不具有重新危害社会或者串供、毁证、妨碍作证等妨害诉讼进行的可能。

3. 犯罪嫌疑人聂某某原所属公司对其表示谅解。案发后，聂某某家属于 2018 年 9 月 14 日代为向被害公司退赔人民币 30 万元，被害公司于同日出具谅解书，表示聂某某在事发后能够主动承认错误，并积极配合司法机关对案件进行调查，其家属积极与公司协商，赔偿公司相应损失，被害公司希望司法机关对该案的处理能够考虑上述情节，对聂某某酌情从轻、减轻或免除处理。被害公司出具谅解能够促使双方在刑事矛盾面前协商、让步、节制，在相互磨合中化解矛盾，在公权力的框架下寻求一种各方都能接受的结果，恢复被破坏的社会关系与秩序，实现国家公权力与个人刑事权利之间的和谐化以及当事人权利关系的和谐化。

4. 案件基本证据已经收集固定、不具有翻供翻证的可能。逮捕是刑事诉讼法规定的最严厉的强制措施，作为审前羁押制度，立法者设计的目的在于保障诉讼活动的有效进行，即限制犯罪嫌疑人人身自由，以防止其逃避侦查和审判，防止其相互串供、毁灭证据、伪造证据等。本案中据以定罪的证据均已经合法的程序予以固定，且嫌疑人聂某某对其行为供认不讳，前后供述稳定，翻供翻证的可能性低，对其不批准逮捕，采取取保候审足以防止社会危险性的发生。

5. 犯罪嫌疑人聂某某人身危险性不大。综合上述理由可以判断，聂某某的社会危险性不大，对聂某某以无逮捕必要不批准逮捕符合在检察工作中贯彻宽严相济的刑事政策，对于不采取强制措施或者采取其他强制措施不致妨害诉讼顺利进行的，不予批捕，对于可捕可不捕的坚决不捕。同时，对聂某某不批准逮捕，也有助于缓和被其破坏的社会关系和秩序，使得聂某某能够正常生活和工作，体现出司法工作保护公民人权的一面。

三、指导意义

在我国的司法实践中，批捕率总体偏高。逮捕率之所以偏高与审查批准逮捕案件时对是否确有必要逮捕的审查上存在对法律法规理解的出入有关，总体来讲，和适用无逮捕必要较少也有很大关系，无逮捕必要情形较少也由于我国现行的法律对犯罪嫌疑人是否具有社会危险性的判断并没有详细的认定标准，从而导致在司法实践中，缺乏清晰的法律依据。

本案聂某某的行为构成非法控制计算机信息系统罪，且属该罪情节特别严重的情形，承办检察官在综合全案的证据基础上，从犯罪主体、认罪悔罪、退赔、谅解、社会危险性等角度依法全面审查嫌疑人的涉案情况，最终作出无逮捕必要的不批准逮捕决定。社会危险性的判定因没有具体的法律标准，故检察官在办理批捕案件时对该种情形的判定会存在一定的自由裁量权，如何切实做到不枉不纵，既不能该捕不捕，也不能以捕代侦，任意逮捕，既需要以事实为依据、以法律为准绳，同时严把审查逮捕的证明标准，充分考量宽严相济的刑事司法政策的合理运用，在打击犯罪的时候有效减少社会对立面，保护公民人权，促进社会和谐，最终达到法律效果与社会效果的有机统一。

【相关法律规定】

一、中华人民共和国刑法

第二百八十五条第二款 违反国家规定，侵入前款规定以外的计算机信息系统或者采用其他技术手段，获取该计算机信息系统中存储、处理或者传输的数据，或者对该计算机信息系统实施非法控制，情节严重的，处三年以下有期徒刑或者拘役，并处或者单处罚金；情节特别严重的，处三年以上七年以下有期徒刑，并处罚金。

二、人民检察院刑事诉讼规则（试行）

第一百四十四条 犯罪嫌疑人涉嫌的罪行较轻，且没有其他重大犯罪嫌疑，具有以下情形之一的，可以作出不批准逮捕的决定或者不予逮捕：（一）属于预备犯、中止犯，或者防卫过当、避险过当的；（二）主观恶性较小的初犯，共同犯罪中的从犯、胁从犯，犯罪后自首、有立功表现或者积极退赃、赔偿损失、确有悔罪表现的；（三）过失犯罪的犯罪嫌疑人，犯罪后有悔罪表现，有效控制损失或者积极赔偿损失的；（四）犯罪嫌疑人与被害人双方根据刑事诉讼法的有关规定达成和解协议，经审查，认为和解系自愿、合法且已经履行或者提供担保的；（五）犯罪嫌疑人系已满十四周岁未满十八周岁的未成年人或者在校学生，本人有悔罪表现，其家庭、学校或者所在社区、居民委员会、村民委员会具备监护、帮教条件的；（六）年满七十五周岁以上的老年人。

三、最高人民法院、最高人民检察院《关于办理危害计算机信息系统安全刑事案件应用法律若干问题的解释》

第一条 非法获取计算机信息系统数据或者非法控制计算机信息系统，具有下列情形之一的，应当认定为刑法第二百八十五条第二款规定的"情节严重"：

（一）获取支付结算、证券交易、期货交易等网络金融服务的身份认证信息十组以上的；

（二）获取第（一）项以外的身份认证信息五百组以上的；

（三）非法控制计算机信息系统二十台以上的；

（四）违法所得五千元以上或者造成经济损失一万元以上的；

（五）其他情节严重的情形。

第十一条 本解释所称"计算机信息系统"和"计算机系统"，是指具备自动处理数据功能的系统，包括计算机、网络设备、通信设备、自动化控制设备等。

四、人民检察院审查逮捕质量标准

第六条 犯罪嫌疑人涉嫌的罪行较轻，且没有其他重大犯罪嫌疑，具有以下情形之一的，可以认为没有逮捕必要：（一）属于预备犯、中止犯、或者防卫过当、避险过当的；（二）主观恶性较小的初犯、偶犯，共同犯罪中的从犯、胁从犯，犯罪后自首、有立功表现或者积极退赃、赔偿损失、确有悔罪表现的；（三）过失犯罪的犯罪嫌疑人，犯罪后有悔罪表现，有效控制损失或者积极赔偿损失的；（四）因邻里、亲友纠纷引发的伤害等案件，犯罪嫌疑人在犯罪后向被害人赔礼道歉、赔偿损失，取得被害人谅解的；（五）犯罪嫌疑人系已满十四周岁未满十八周岁的未成年人或者在校学生，本人有悔罪表现，其家庭、学校或者所在社区以及居民委员会具备监护、帮教条件的；（六）犯罪嫌疑人系老年人或者残疾人，身体状况不适宜羁押的；（七）不予羁押不致危害社会或者妨碍刑事诉讼正常进行的其他无逮捕必要的情形。对应当逮捕的犯罪嫌疑人，如果患有严重疾病，或者是正在怀孕、哺乳自己婴儿的妇女，可以取保候审或者监视居住。

五、关于在检察工作中贯彻宽严相济刑事司法政策的若干意见

第七条 严格把握"有逮捕必要"的逮捕条件，慎重适用逮捕措施。逮捕是最严厉的刑事强制措施，能用其他强制措施的尽量使用其他强制措施。审查批捕要严格依据法律规定，在把握事实证据条件、可能判处刑罚条件的同时，注重对"有逮捕必要"条件的正确理解和把握。具体可以综合考虑以下因素：一是主体是否属于未成年人或者在校学生、老年人、严重疾病患者、盲聋哑人、初犯、从犯或者怀孕、哺乳自己婴儿的妇女等；二是法定刑是否属于较轻的刑罚；三是情节是否具有中止、未遂、自首、立功等法定从轻、减轻或者免除处罚等情形；四是主观方面是否具有过失、受骗、被胁迫等；五是犯罪后是否具有认罪、悔罪表现，是否具有重新危害社会或者串供、毁证、妨碍作证等妨害诉讼进行的可能；六是犯罪嫌疑人是否属于流窜作案、有无固定住址及帮教、管教条件；七是案件基本证据是否已经收集固定、是否有翻供翻证的可能等。对于罪行严重、主观恶性较大、人身危险性大或者

有串供、毁证、妨碍作证等妨害诉讼顺利进行可能，符合逮捕条件的，应当批准逮捕。对于不采取强制措施或者采取其他强制措施不致于妨害诉讼顺利进行的，应当不予批捕。对于可捕可不捕的坚决不捕。

（北京市朝阳区人民检察院第二检察部　晏行健）

九

破坏计算机信息系统罪

销售用于网络 DDoS 攻击的流量的
行为应如何定性

——罗某某破坏计算机信息系统案

【关键词】

DDoS 攻击 破坏计算机信息系统 提供犯罪工具 违法所得

【基本案情】

经审查认定：

2018 年 3 月底，犯罪嫌疑人罗某某（18 岁）及同伙彭某某（17 岁，另案处理）在 QQ 上收到一名台湾人（具体身份不详，QQ 号为 2378840668）的信息，要求购买用于网络 DDoS 攻击的流量。罗某某在与对方谈妥价格后，以 1200 元的价格从微信好友"二手量小爱"处购买了流量，并以 2650 元的价格转卖给上述台湾人，供其使用 4 天，台湾人在使用 3 天后向罗某某反馈称，其提供的流量攻击力太弱，无法实现攻击效果，将不再使用罗某某提供的流量，并已另行寻找其他流量用于攻击。

2018 年 3 月 28 日 1 时许，喀什某信息科技有限公司收到来自不明黑客的勒索邮件，要求该公司支付 50 万元人民币，否则将对该公司《全民枪战》等游戏的 8 个服务器发起 DDoS 攻击。被勒索公司未支付勒索金，并花费六万余元购买阿里云 DDoS 高仿 IP 及防护包等用于抵御 DDoS 攻击。后该公司部分游戏的服务器于 2018 年 3 月 28 日、30 日，4 月 7 日、8 日遭受 DDoS

攻击，造成受供给服务器在部分时间段内无法正常提供服务。

相关鉴定意见显示，检材在 4 月 7 日、8 日受到 DDoS 攻击，受攻击的 IP 地址为 4 个 47 及 123 号段地址，提供检材的单位为北京某科技有限公司。而喀什某信息科技有限公司运维部出具的 DDoS 攻击报告显示，受到攻击的 10 个 IP 地址号段为 119，与鉴定意见无法对应。目前北京某科技有限公司与喀什某信息科技有限公司关系不明，同时也无法得知鉴定意见中显示的受到攻击的 4 个 IP 地址是否为喀什某信息科技有限公司所使用。

此外，在案缺少用于证明受到攻击的服务器为 1 万名以上的用户提供服务的相关证据，不符合"两高"《关于办理危害计算机信息系统安全刑事案件应用法律若干问题的解释》（2011）第 4 条第 1 款规定的"为一万以上用户提供服务的计算机信息系统不能正常运行累计 1 小时以上"的规定。同时，购买攻击流量的不明身份的台湾人尚未到案，无法就本案案情进行进一步的核实。

【诉讼过程和结果】

北京市公安局朝阳分局通过对索要 50 万元人民币的 QQ 号进行追踪，发现该 QQ 号登录地址为我国台湾省，在追踪过程中发现该 QQ 号在案发前与另一个 QQ 号联系紧密，通过对第二个 QQ 号进行追踪找到第一名犯罪嫌疑人彭某某，在对彭某某进行调查工作中又找到第二名犯罪嫌疑人罗某某。在深圳警方的配合下将上述两名犯罪嫌疑人在深圳万汇大厦 1301 室抓获。

北京市朝阳区人民检察院 2018 年 8 月 29 日接到北京市公安局朝阳分局提请审查逮捕的犯罪嫌疑人罗某某涉嫌破坏计算机信息系统罪一案的文书及案卷材料、证据，承办人审阅了案卷，讯问了犯罪嫌疑人，核实了有关证据。于 2018 年 9 月 5 日作出不批准逮捕决定，并同时出具《不批准逮捕理由说明书》及《不批准逮捕案件补充侦查提纲》。

【主要问题】

1. 销售用于攻击网络服务器的流量的行为在刑法上应如何定性？

2. 破坏计算机信息系统罪的取证难点分析。

【指导意义】

一、罗某某破坏计算机信息系统案的性质认定

（一）是否构成提供侵入、非法控制计算机信息系统的程序、工具罪

提供侵入、非法控制计算机信息系统的程序、工具罪是指自然人或者单位提供专门用于侵入、非法控制计算机信息系统的程序、工具，或者明知他人实施侵入、非法控制计算机信息系统的违法犯罪行为而为其提供程序、工具，情节严重的行为。根据《关于办理危害计算机信息系统安全刑事案件应用法律若干问题的解释》（以下简称《计算机案件解释》）的规定，具有下列情形之一的程序、工具，应当认定为"专门用于侵入、非法控制计算机信息系统的程序、工具"：（1）具有避开或者突破计算机信息系统安全保护措施，未经授权或者超越授权获取计算机信息系统数据的功能的；（2）具有避开或者突破计算机信息系统安全保护措施，未经授权或者超越授权对计算机信息系统实施控制的功能的；（3）其他专门设计用于侵入、非法控制计算机信息系统、非法获取计算机信息系统数据的程序、工具。其中，对于是否属于上述的程序和工具难以确定的，应当委托省级以上负责计算机信息系统安全保护管理工作的部门检验。

由于入侵计算机信息系统和非法获取数据、非法控制他人计算机有一定的技术门槛，目前不法分子大多是通过向其他人购买盗号木马、入侵程序等专用程序和工具来实施相关犯罪行为。向他人提供侵入、非法控制计算机信息系统的程序、工具的犯罪行为，大大降低了网络犯罪的技术门槛，使几乎不需要专业计算机网络知识即可实施侵入计算机信息系统、非法获取计算机信息系统数据、非法控制计算机信息系统犯罪，因而严重破坏了计算机系统安全管理秩序，给计算机系统安全造成极大的威胁。当前，职业化制作、提供和出售此类程序已成为信息网络犯罪快速增长的主要原因之一。

同时，提供侵入、非法控制计算机信息系统程序、工具罪的行为，本质上也是为计算机犯罪提供作案工具的犯罪行为，是一种"帮助行为"。但是，

考虑到实践中提供侵入、非法控制计算机信息系统程序、工具的行为在网络犯罪中所起的重要作用和对网络信息系安全造成的严重危害，以及司法实践中的操作便利性，《刑法》第 285 条将此种行为明确规定为独立的犯罪，加以惩处。本案中，犯罪嫌疑人罗某某系在明知台湾人将概括性地实施破坏计算机信息系统的行为后而为其提供程序、工具。但在本条款中，已不再强调程序、工具的"专用"性，即所提供的程序、工具可以不是专门用于侵入、非法控制计算机信息系统的程序、工具，而是在其他领域可能具有正常的功能和用途的程序、工具，但由于明知他人的非法用途而提供帮助，因而构成犯罪。

无论是提供专门用于侵入、非法控制计算机信息系统的程序、工具，还是明知他人实施侵入、非法控制计算机信息系统的违法行为而为其提供程序、工具，必须达到"情节严重"的程度才能构成犯罪。根据《计算机案件解释》的规定，具有下列情形之一的，应当认定为"情节严重"：（1）提供能够用于非法获取支付结算、证券交易、期货交易等网络金融服务身份认证信息的专门性程序、工具 5 人次以上的；（2）提供第（1）项以外的专门用于侵入、非法控制计算机信息系统的程序、工具 20 人次以上的；（3）明知他人实施非法获取支付、证券交易、期货交易等网络金融服务身份认证信息的违法犯罪行为而为其提供程序、工具 5 人次以上的；（4）明知他人实施第（3）项以外的侵入、非法控制计算机信息系统的违法犯罪行为而为其提供程序、工具 20 人次以上的；（5）违法所得 5000 元以上或者造成经济损失 1 万元以上的；（6）其他情节严重的情形。犯本罪的，根据刑法第 285 条第 3 款的规定处罚。

在本案中，现有证据虽然可以证明犯罪嫌疑人罗某某、彭某某在明知台湾人将实施黑客攻击后为其提供了流量，法律亦没有规定在这种情况下犯罪嫌疑人提供的犯罪工具必须具有实施侵入、非法控制计算机信息系统的"专用性"，也就是说，只要犯罪嫌疑人提供的犯罪程序或工具具有可以侵入或实施非法控制、侵入计算机信息系统的相关功能即可。但具体到本案中，根据证据仅可看出其二人提供的流量具有占用服务器部分功能的作用，而这一流量是否具有获取计算机信息系统数据或对计算机信息系统实施控制的功能在案并没有相关的鉴定及检验报告予以佐证，且能够查证属实的罗、彭二人为他人提供用于网络 DDoS 攻击的流量的行为次数仅为 1 次，不符合认定"情节严重"条款第（4）项所规定的次数，同时其二人的获利仅为 1450 元，也未达到第（5）项规定的"违法所得 5000 元"的要求。因此承办人认为，犯罪嫌疑人罗某某、彭某某的行为不足以构成提供侵入、非法控制计算机信息系统的程序、工具罪。

（二）是否构成破坏计算机信息系统罪

破坏计算机信息系统罪，是指违反国家规定，对计算机信息系统功能进行删除、修改、增加、干扰，造成计算机信息系统不能正常运行，对计算机信息系统中存储、处理或者传输的数据和应用程序进行删除、修改、增加的操作，或者故意制作、传播计算机病毒等破坏性程序，影响计算机系统的正常运行，后果严重的行为。本罪的构成要件包括 3 种类型，第一种类型是违反国家规定，对计算机信息系统功能进行删除、修改、增加、干扰，造成计算机信息系统不能正常运行，后果严重的行为。计算机信息系统功能，是指计算机系统内，按照一定的应用目标和规则，对信息进行采集、加工、存储、传输、检索等的功能。造成计算机信息系统不能正常运行，包括使计算机信息系统不能运行和不能按照原来的设计要求运行。根据《计算机案件解释》，破坏计算机信息系统功能，具有下列情形之一的，应当认定为"后果严重"：（1）造成 10 台以上计算机信息系统的主要软件或者硬件不能正常运行的；（2）对 20 台以上计算机信息系统中存储、处理或者传输的数据进行删除、修改、增加操作的；（3）违法所得 5000 元以上或者造成经济损失 1 万元以上的；（4）造成为 100 台以上计算机信息系统提供域名解析、身份认证、计费等基础服务或者为 1 万以上用户提供服务的计算机信息系统不能正常运行累计 1 小时以上的；（5）造成其他严重后果的。第二种类型是违反国家规定，对计算机信息系统中存储、处理或者传输的数据和应用程序进行删除、修改、增加的操作，后果严重的行为。第三种类型是制作、传播计算机病毒等破坏性程序，影响计算机系统的正常运行，后果严重的行为。纵观本案全部事实和证据，基本可以认定犯罪嫌疑人罗某某销售的流量属于第一种类型，即对计算机信息系统功能进行干扰的行为。然而，事实破坏计算机信息系统功能的行为，必须造成计算机信息系统不能正常运行，才能构成犯罪。遗憾的是，在案并没有证据能够直接或间接第证明在服务器受到流量攻击后，造成了几台终端设备上的被害公司游戏软件不能运行。

具体到本案中，有喀什某信息科技有限公司出具的 DDoS 攻击报告，可以证明喀什某信息科技有限公司运营的《全民枪战》《奇迹觉醒》等游戏的服务器遭受了黑客的 DDoS 攻击，且计算机信息系统不能正常运行累计 1 小时以上；有鉴定意见证明 4 个 IP 地址于案发期间受到了 DDoS 攻击，且计算机信息系统不能正常运行累计 1 小时以上；鉴定意见中受到攻击的 IP 地址有 3 条可以同勒索邮件中提到的即将受到攻击的 IP 地址对应，但与喀什某信息科技公司运维部提供的 DDoS 攻击报告中显示的受到攻击的 IP 地址无法对应，也无其他证据证实鉴定意见所述的受攻击 IP 地址为喀什某信息科技公司使用；鉴定意见和 DDoS 攻击报告中也均未提及被攻击的服务器是否为 1 万以上用户提供服务。提供鉴定检材的北京某科技有限公司与提供 DDoS 攻击报告的报案单位喀什某信息科技有限公司的关系亦无证据予以证明，故无法认定报案单位游戏服务器遭受了鉴定意见中所述的 DDoS 攻击。因此，承办人认为，就现有证据很难认定犯罪嫌疑人罗某某的行为构成破坏计算机信息系统罪。

二、本案不批准逮捕理由

（一）基于证据不足导致的案件事实认定辨析

1.销售用于网络 DDoS 攻击所用流量这一行为本身是否构成破坏计算机系统罪?

针对这一问题，承办人认为，本罪名首先系动宾短语，其前置动词为"破坏"。根据前文所述之《刑法》和《计算机案件解释》的规定，"破坏"必须是给计算机信息系统造成损害，如删除、增加、干扰等，而单纯的"销售"行为并不直接可以导致"破坏"结果的产生。在讨论销售行为是否构成破坏计算机信息系统罪时，我们需要寻找客观证据来证明犯罪嫌疑人销售的流量是否用于攻击计算机信息系统，并切实给该系统（一如本案中的网络服务器）造成了损害及损失。在检察机关提讯犯罪嫌疑人罗某某时，其辩解称其销售的流量威力仅有 5Gb，不足以威胁游戏服务器，且台湾人在发现其销售的流量威力不足后，亦表示将不再使用并另行寻找他人购买流量进行攻击，故即便日后公安机关补充证据证明犯罪嫌疑人罗某某和彭某某销售的流量具有可以导致 DDoS 攻击报告和鉴定意见所示的攻击结果的威力，根据在案其他证据也无法认定在罗某某和彭某某向 QQ 号为 2378840668 的人销售流量后，该人使用罗、彭二人销售的流量对《全民枪战》等游戏发起 DDoS 攻击，以及造成被害公司服务器无法正常运行这一结果的是否正是两名犯罪嫌疑人提供的流量。同时，根据犯罪嫌疑人的供述，其销售的流量，也即通过植入木马病毒实现对计算机访问远程控制的程序的制作者也不是犯罪嫌疑人罗某某及彭某某，嫌疑人只是从微信好友"二手量小爱"处购得流量，因此在案也无证据证明这一攻击所用流量的制作者系本案犯罪嫌疑人罗某某。

2. 报案单位与提供受攻击服务器鉴定报告所用检材单位不一致的情形应如何处理？

因受到攻击单位与提供检材单位非同一单位，二者所提供的 DDoS 攻击报告和鉴定意见中显示的受到攻击的号段也非完全一致，同时被害人并没有提供相关证据证明喀什某信息科技有限公司和北京某科技有限公司之间的关系。承办人认为，必须有证据证明报案单位和真实遭受非法流量侵害的单位存在业务上的关联关系才可以认清本案的被害主体，并赋予其相应的资格。

3. 犯罪嫌疑人罗某某、彭某某是否构成敲诈勒索罪的共犯？

在案有犯罪嫌疑人罗某某的供述，证明台湾人向其购买流量系准备用于发动网络 DDoS 攻击，并未说明发动该 DDoS 攻击系作为敲诈勒索的手段所使用；有喀什某信息科技有限公司提供的勒索邮件页面截图，但该截图并未显示勒索邮件的发件人、收件人以及收件时间。在案仅有两项证据可以证明购买流量的人与发起敲诈勒索的人有关，即罗某某与台湾人的 QQ 聊天记录中显示的对方 QQ 号与向 QQ 用户 Steve 发送敲诈信息的 QQ 号数字一致，但在案又无 QQ 用户 Steve 的身份信息，因此无法认定 QQ 号为 2378840668 的人是否系向报案单位或提交检材的单位发起了网络 DDoS 攻击。综上，现有证据不足以认定 QQ 号为 2378840668 的用户对本案被害人进行了敲诈勒索。

在检察机关提讯罗某某时，其亦辩解称对于台湾人购买流量系用于实施敲诈勒索一事并不知情，因此虽然《计算机案件解释》规定了为实施敲诈勒索的提供网络技术支持等帮助应当以共同犯罪论处，但在对前行为无法认定为敲诈勒索罪的情况下，且罗某某既无敲诈勒索的主观故意，也未实施敲诈勒索的帮助行为的情况下，仍然无法认定本案犯罪嫌疑人罗某某构成敲诈勒索罪的共同犯罪。

4. 违法所得应如何认定？

针对违法所得数额的计算问题，从司法实践来看，存在通过破坏计算机信息系统功能、数据或者应用程序直接获利或者间接获利的情形。比如对于拒绝服务供给，有的收取他人费用并帮助他人实施拒绝服务攻击，也有的通过拒绝服务攻击他人网站后向被攻击的网站的管理者推销防火墙等产品获利，这两种情况分别属于直接获利或者间接获利。《计算机案件解释》规定违法所得 5000 元以上或者造成经济损失 1 万元以上属于"后果严重"。在本案的提请逮捕意见书中，公安机关认定罗某某和彭某某的行为导致喀什某信息科技有限公司损失人民币 8.36 万余元，个人获利 3000 元。但是，喀什某信息科技有限公司提供的服务协议仅可以证实该公司为应对 DDoS 攻击购买阿里云 DDoS 高仿 IP 及防护包花费金额为 61320 元，与报案金额不一致，且承办人认为该防护性消费属于公司的网络运营成本，不宜认定为损失金额。公安机关以购买防护包所花费的金额来认定是不可取的。

现在案仅有犯罪嫌疑人罗某某的口供，证明其从台湾人处获得 2650 元用于购买流量，又用其中的 1200 元从微信好友"二手量小爱"处购得流量并将该流量的控制端交给台湾人使用，因此罗某某和彭某某从销售用于网络 DDoS 攻击的流量这一行为中直接获利为 1450 元。同时，由于罗某某和彭某某销售流量的行为如前所述难以认定为直接破坏计算机信息系统的行为，因此该 1450 元也不应认定为违法所得。

（二）该类案件取证难点分析

根据《计算机案件解释》第 4 条第 1 款的规定，《刑法》第 286 条规定的破坏计算机信息系统罪的追诉标准应为"造成为 100 台以上计算机信息系统提供域名解析、身份认证、计费等基础服务或者为 1 万以上用户提供服务的计算机信息系统不能正常运行累计 1 小时以上"。就本案来说，在案之 DDoS 攻击报告和鉴定意见均未显示遭受攻击的服务器是为 1 万以上用户提供服务。承办人认为，针对该司法解释的这一规定，公安机关在日后办理该类案件时，在取证过程中应尤为注意针对服务器是否系为 1 万名以上用户提供服务进行专门调查。针对这一要求，笔者认为可以调取服务器数据，核实在受攻击前服务器接受访问的 IP 地址的数量，以及其他可以显示该服务器一般服务对象数量的证据。

（三）办理该案所引发的思考

近年来，网络电信犯罪案件以及利用互联网实施的其他犯罪案件日益增多。无论是前文所述的提供侵入、非法控制计算机信息系统的程序、工具罪、破坏计算机信息系统罪，还是相关章节的其他罪名，均在客观行为上与互联网、计算机信息系统等密切相关。因为网络电信犯罪具有极强的专业性，因此对承办该类案件的检察官便提出了更高的要求。首先是检察官本身应当具有办理网络电信犯罪的专业知识。当下的检察官准入机制中并未对检察官必须具有这类知识有硬性规定，这就造成纯法学专业毕业的各位研究生对于网络犯罪手段仅可通过自己的学习获得些许皮毛。然而，犯罪嫌疑人在知识上与检察官处于不对等的状态，其多数是具有网络电信专业知识的人，因此，我们便必须寻找其他手段，如聘请专业人员针对网络电信以及犯罪分子可能使用的犯罪手段进行专门培训。同时，在检察机关内成立相应的专业化办案组织，通过多名具有专业知识的检察官互相补强，来做到对案件的严格把关。

其次，正如前文所述，网络攻击现早已不再是单纯的黑客攻击、发泄私愤等，更多的是为达到其他如敲诈勒索等的目的。然而并非所有意欲使用网络电信手段实施普通刑事犯罪的人都具有使用网络电信技术的技能，因此像本案犯罪嫌疑人罗某某、彭某某这种专门从事销售用于网络 DDoS 攻击所用流量或代人进行攻击的业务便应运而生。根据犯罪嫌疑人的口供显示，其不仅是单独进行这样的营生，而是通过网络 QQ 群取得业务，上游有向其销售流量和控制端的，下游有帮助收取费用的，可以说分工明确，已经形成产业链。然而在这样一种具有单独分工的行业中，各从业者各自为政，因此一旦发现涉及刑事犯罪，由于网络从业者缺乏主观认知，很难将其定罪处罚。然而我们不能忽视的是，网络犯罪攻击手段提供商这样一种产业对于刑事犯罪的帮助性是非常大的。在当前立法并不将销售流量或者其他非直接攻击计算机信息网络的人视为犯罪分子的条件下，如何给予这类对犯罪有着显著帮助作用的产业链予以打击，是急需我们研究的课题。

再次，网络电信犯罪调查取证难已经是不争的事实，公安机关每每遇到这类案件均无不挠头。从本案收集到的证据来看，多数由被害人自己提供，且看不出有专业引导的调查取证痕迹。事实上，就目前公安机关由各派出所负责具体办理案件的模式来讲，要求每一名侦查员均具有网络电信犯罪侦查的专业手段是不现实的。从专业化的角度来讲，针对网络电信犯罪，最好由专业的办案机关、专业的办案人员来办理专业的案件，并在办案过程中形成专业化的办案指引，进一步引导公安机关规范、有效地办理网络电信犯罪案件。

【相关法律规定】

一、中华人民共和国刑法

第二十五条 共同犯罪是指二人以上共同故意犯罪。

二人以上共同过失犯罪，不以共同犯罪论处；应当负刑事责任的，按照他们所犯的罪分别处罚。

第二十六条 组织、领导犯罪集团进行犯罪活动的或者在共同犯罪中起主要作用的，是主犯。

三人以上为共同实施犯罪而组成的较为固定的犯罪组织，是犯罪集团。

对组织、领导犯罪集团的首要分子，按照集团所犯的全部罪行处罚。

对于第三款规定以外的主犯，应当按照其所参与的或者组织、指挥的全部犯罪处罚。

第二十七条　在共同犯罪中起次要或者辅助作用的，是从犯。

对于从犯，应当从轻、减轻处罚或者免除处罚。

第二百七十四条　敲诈勒索公司财物，数额较大或者多次敲诈勒索的，处三年以下有期徒刑、拘役或者管制，并处或者单处罚金；数额巨大或者有其他严重情节的，处三年以上十年以下有期徒刑，并处罚金；数额特别巨大或者有其他特别严重情节的，处十年以上有期徒刑，并处罚金。

第二百八十六条　违反国家规定，对计算机信息系统功能进行删除、修改、增加、干扰，造成计算机信息系统不能正常运行，后果严重的，处五年以下有期徒刑或者拘役；后果特别严重的，处五年以上有期徒刑。

违反国家规定，对计算机信息系统中存储、处理或者传输的数据和应用程序进行删除、修改、增加的操作，后果严重的，依照前款的规定处罚。

故意制作、传播计算机病毒等破坏性程序，影响计算机系统正常运行，后果严重的，依照第一款的规定处罚。

单位犯前三款罪的，对单位判处罚金，并对其直接负责的主管人员和其他直接责任人员，依照第一款的规定处罚。

二、最高人民法院、最高人民检察院《关于办理危害计算机信息系统安全刑事案件应用法律若干问题的解释》（2011 年 9 月施行）

第四条　破坏计算机信息系统功能、数据或者应用程序，具有下列情形之一的，应当认定为刑法第二百八十六条第一款和第二款规定的"后果严重"：

（一）造成 10 台以上计算机信息系统的主要软件或者硬件不能正常运行的；

（二）对 20 台以上计算机信息系统中存储、处理或者传输的数据进行删除、修改、增加操作的；

（三）违法所得 5000 元以上或者造成经济损失 1 万元以上的；

（四）造成为 100 台以上计算机信息系统提供域名解析、身份认证、计费等基础服务或者为 1 万以上用于提供服务的计算机信息系统不能正常运行累计 1 小时以上的；

（五）造成其他严重后果的。

实施前款规定行为，具有下列情形之一的，应当认定为破坏计算机信息系统"后果特别严重"：

（一）数量或者数额达到钱款第（一）项至第（三）项规定标准 5 倍以上的；

（二）造成为 500 台以上计算机信息系统提供域名解析、身份认证、计费等基础服务或者为 5 万以上用户提供服务的计算机信息系统不能正常运行累计 1 小时以上的；

（三）破坏国家机关或者金融、电信、交通、教育、医疗、能源等领域提供公共服务的计算机信息系统的功能、数据或者应用程序，致使生产、生活受到严重影响或者造成恶劣社会影响的；

（四）造成其他特别严重后果的。

第五条 具有下列情形之一的程序，应当认定为刑法第二百八十六条第三款规定的"计算机病毒等破坏性程序"：

（一）能够通过网络、存储介质、文件等媒介，将自身的部分、全部或者变种进行复制、传播，并破坏计算机系统功能、数据或者应用程序的；

（二）能够在预先设定条件下自动触发、并破坏计算机系统功能、数据或者应用程序的；

（三）其他专门设计用于破坏计算机信息系统功能、数据或者应用程序的程序。

第六条 故意制作、传播计算机病毒等破坏性程序影响计算机系统正常运行，具有下列情形之一的，应当认定为刑法第二百八十六条第三款规定的"后果严重"：

（一）制作、提供、传输第五条第（一）款规定的程序，导致该程序通过网络、存储介质、文件等媒介传播的；

（二）造成 20 台以上计算机系统被植入第五条第（二）、（三）项规定的

程序的;

（三）提供计算机病毒等破坏性程序 10 人次以上的;

（四）违法所得 5000 元以上或者造成经济损失 1 万元以上的;

（五）造成其他严重后果的。

实施前款规定行为，具有下列情形之一的，应当认定为破坏计算机信息系统"后果特别严重"：

（一）制作、提供、传输第五条第（一）项规定的程序，导致该程序通过网络、存储介质、文件等媒介传播，致使生产、生活受到严重影响或者造成恶劣社会影响的;

（二）数量或者数额达到前款第（二）项至第（四）项规定标准 5 倍以上的;

（三）造成其他特别严重后果的。

三、最高人民法院、最高人民检察院《关于办理敲诈勒索刑事案件适用法律若干问题的解释》（法释〔2013〕10 号）

第一条　敲诈勒索公私财物价值 2000 元至 5000 元以上，3 万元至 10 万元以上，30 万元至 50 万元以上的，应当分别认定为刑法第二百七十四条规定的"数额较大"、"数额巨大"、"数额特别巨大"。

第七条　明知他人实施敲诈勒索犯罪，为其提供信用卡、手机卡、通讯工具、通讯传输通道、网络技术支持等帮助的，以共同犯罪论处。

四、中华人民共和国网络安全法

第二十七条　任何个人和组织不得从事非法侵入他人网络、干扰他人网络正常功能、窃取网络数据等危害网络安全的活动；不得提供专门用于从事侵入网络、干扰网络正常功能及防护措施、窃取网络数据等危害网络安全活动的程序、工具；明知他人从事危害网络安全的活动，不得为其提供技术支持、广告推广、支付结算等帮助。

（北京市朝阳区人民检察院第二检察部　沈逸）

图书在版编目（CIP）数据

金融犯罪不捕不诉典型案例 / 北京市朝阳区人民检察院编 . — 北京：中国检察出版社，2019.8

ISBN 978-7-5102-2305-1

Ⅰ.①金…　Ⅱ.①北…　Ⅲ.①金融犯罪—刑事犯罪—研究—中国　Ⅳ.① D924.334

中国版本图书馆 CIP 数据核字（2019）第 104203 号

金融犯罪不捕不诉典型案例

北京市朝阳区人民检察院 编　　张朝霞 主编

出版发行：中国检察出版社

社　　址：北京市石景山区香山南路 109 号（100144）

网　　址：中国检察出版社（www.zgjccbs.com）

编辑电话：（010）86423709

发行电话：（010）86423726　86423727　86423728
　　　　　（010）86423730　68650016

经　　销：新华书店

印　　刷：北京宝昌彩色印刷有限公司

开　　本：710mm×960mm　16 开

印　　张：11.5　插页 4

字　　数：166 千字

版　　次：2019 年 8 月第一版　　2019 年 8 月第一次印刷

书　　号：ISBN 978-7-5102-2305-1

定　　价：38.00 元